LES NOUVEAUX BARBARES

JEAN SARAWAK

LES NOUVEAUX BARBARES

ROMAN

EDITIONS DE L'ATHANOR
23, rue Vaneau - 75007 Paris

édition originale

I

Le jeune homme se tenait bien droit sur les escaliers roulants du métro avec une absence de fatigue étonnante pour une fin de journée de travail. Quelques minutes plus tôt, il était encore contracté et ses robustes jambes de sportif accusaient la mollesse incoercible des muscles que la peur semble vider de leur substance. Manitenant, Jeff Siemens avait laissé une partie de son appréhension dans cette rame où, serré dans la masse des voyageurs, il avait été peu à peu envahi par la conviction utopique qu'eux aussi « y allaient ». Sans doute en croisant leurs regards timidement complices, ceux-ci sentaient-ils fondre la même appréhension comme un mauvais verglas. Attentifs, prêts à laisser perler un éclat prudemment joyeux, les visages se comptaient déjà qui se reconnaissaient dans la fraternité d'un soir...

En traversant les auto-rues qui se superposaient sur plusieurs étages au-dessus du couloir du métro-tube, Jeff Siemens remarqua qu'un nombre inaccoutumé d'automobilistes empruntaient l'escalier roulant au passage des intersections. Ils montaient eux aussi vers la surface, laissant leur véhicule sur les voies de secours à la façon des gens appelés par une tâche urgente. Dans l'ensemble, ils avaient même l'air plus résolu que ceux qui venaient des profondeurs du métro-tube.

Parvenu à mi-hauteur, Siemens s'arrêta un moment sur la plate-forme centrale : avec l'insistance d'une rivière heurtant un pilier de pont planté dans son lit, la foule dégoulinait autour de lui sans discontinuer ; il lui sembla lire, sur beaucoup de visages, une détermination plus sourde, contrastant avec la morne expression de la physionomie des travailleurs prenant les premiers métros du matin. Le cœur ragaillardi, Jeff quitta la plate-forme fixe d'un bond souple et ressauta sur l'escalier roulant tout en jetant des regards dans toutes les directions. Certains voyageurs faisaient de même, des bras levés s'agitaient joyeusement pour attirer l'attention d'amis reconnus dans la foule.

La lumière artificielle commença à lutter avec la clarté diffuse qui s'écoulait des grandes murailles de verre dépoli ; très vite, les escaliers roulants semblèrent se perdre dans l'opalescence vert d'eau. Jeff retrouva le plan horizontal avec plaisir ; les gens émergeaient par paquets, littéralement excrétés à la surface du bitume de l'auto-rue.

D'un coup d'œil circulaire, Jeff balaya les immeubles qui s'entassaient autour de la station comme des dents mal plantées. Suivant la foule, il se dirigea aussitôt vers le passage clouté où attendait en silence un groupe d'individus, le teint emblafardi par le clignotant vert des feux de signalisation. Dès que le feu rouge fut allumé, le groupe traversa l'auto-boulevard suivi des yeux par l'agent préposé à la circulation. Le regard du policier ne reflétait d'autre sentiment qu'une indifférence un peu hautaine. Arrivé, lui aussi, de l'autre côté de l'auto-boulevard, Seimens s'aperçut que le policier était en train de parler dans le micro d'un poste émetteur portatif ; sa bouche semblait vouloir manger goulûment l'appareil tellement elle s'en rapprochait. De temps en temps, le policier s'interrompait, se retournant en direction de la sortie de l'escalier roulant puis, après une brève observation, comme pour jauger la densité anormale de la foule, il ajoutait quelques paroles en hochant la tête.

En compagnie des gens qui venaient de traverser l'auto-boulevard, Jeff Siemens prit place sur le tapis glissant réservé aux piétons. D'habitude, les gens restaient « pinqués » sur le tapis, se bornant à faire quelques pas sur les plates-formes d'intersection de changement de rues. Aujourd'hui cela paraissait bizarre de voir un nombre inaccoutumé de piétons marchant, comme dans l'ancien temps, à la vitesse accrue donnée par le tapis. Jeff emprunta l'auto-rue vieille. De temps en temps, les piétons jetaient un coup d'œil vers l'autre tapis glissant et, à l'occasion, levaient aussi la tête vers le ciel mais on n'entendait pas le bourdon cliquetant des hélicoptères.

Sur l'autre tapis glissant, raides comme des santons, les piétons paraissaient étonnés de cet afflux insolite. Soudain, à cent cinquante mètres environ devant lui, Siemens constata que les piétons cessaient de marcher, sans raison apparente, puis, après un instant d'hésitation, reprenaient leur marche en direction de la place des Arts. Les automobilistes ralentissaient et, à ce niveau de l'auto-rue, finissaient par stopper. De nouveau, les piétons qui s'étaient arrêtés de marcher, n'avançaient plus qu'à la vitesse du tapis. Jeff scruta, avec plus d'attention, l'endroit où la foule quittait le ruban pour pénétrer sur la place des Arts.

« Ah !, ça commence ! » dit quelqu'un à côté de lui.

Deux carlingues métalliques, placées en quinquonce, bloquaient l'auto-rue mais non les passages réservés aux piétons.

« Les hélicars » précisa une femme en se tournant dans sa direction comme pour le prendre à témoin. Ses paupières à demi-refermées voilaient un regard légèrement plongeant qui avait dû se fatiguer sur bien des livres. Siemens distinguait maintenant la poupe énorme d'une carlingue ; la porte de la soute était complètement ouverte. Au passage, il découvrit les hublots grillagés derrière lesquels des yeux mauvais observaient le flot humain qui s'écoulait sans discontinuer.

« Ils ont déjà embarqué des gens ? « demanda Jeff à voix haute sans s'adresser à personne.

Du centre de la place il entendait proférer des slogans et il s'arrêta pour prêter l'oreille.

« Nos quarante-cinq heures — la croissance on s'en fout ! »

Puis, après un silence, la rumeur sauvage reprit.

« Du temps pour vivre ! »

Il s'aperçut avec déplaisir qu'il avait la chair de poule ; il eut la tentation de sauter sur le tapis glissant qui s'éloignait de la place. Dans son dos, Jeff sentait la pression morale de la foule qui débarquait de l'auto-rue. En fait, c'était un véritable butoir maintenant qui, en s'épaississant, empêchait tout retour en arrière. Dans la foule, une certaine nervosité agitait ceux qui avaient pris conscience de cet encerclement. Comme des formes vagues s'agitaient à l'intérieur de l'hélicar, la peur de Siemens s'accentua : s'il était coincé, il y aurait un petit rajout sur sa fiche de rééducation socio-psychologique avec les coordonnées de l'hôpital psychiatrique l'ayant déjà traité. Il y aurait droit : un citoyen qui conteste un ordre social parfait ne peut qu'être atteint de psychose sinon de névrose La société doit le soigner d'urgence. Pas de coupables rien que des malades. Aussitôt affolé, animalement affolé, Siemens accéléra l'allure puis la ralentit, plein de honte. Il s'en voulait déjà de ses craintes suscitées par la simple vue des cages volantes. Presque parvenu de l'autre côté de la place il s'aperçut que deux autres gros hélicars bouclaient également ce côté là. Les portes étaient ouvertes et des gens, encadrés par des miliciens armés des tiges électrifiantes réglementaires, montaient dans les carlingues au fur et à mesure de leur arrivée.

Des projecteurs éclairaient violemment la place maintenant peuplée des seuls manifestants. Des têtes d'intellectuels surtout, dont la plupart trahissaient la fatigue de l'âge. En fait, ils n'étaient guère que quelques centaines pour une agglomération comme le district du Grand-Paris ! Jeff, qui avait lu en cachette les vieux livres d'histoire non réécrits par les services spéciaux, était atterré. Il y a encore quarante ans, les manifestations de rues rassemblaient des dizaines de milliers de contestataires et pourtant le camp de la liberté était déjà le moins fort !

« Le fascisme ne passera pas ! » cria soudain un vieillard comme pour renvoyer un écho caricatural aux sombres pensées du jeune protestataire.

Au centre de la place, il y eut quelques remous ; de jeunes hommes installaient à la hâte une table pliante et un homme d'un certain âge se trouva soudain juché dessus.

A la tignasse léonine, Jeff reconnut Shalizé, l'écrivain le plus célèbre de l'underground clandestin. Il tenait à la main gauche un haut-parleur électronique.

« Frères.. lança-t-il d'une voix forte. Le vrombissement du petit hélicoptère, qui venait de foncer sur le centre de la place, rendit très vite inaudibles les mots que l'orateur s'obstinait à prononcer. Aussitôt les gens qui entouraient la table mirent leur masque à gaz. Jeff se rendit compte qu'ils adaptaient même une cartouche supplémentaire. Quand l'hélicoptère fut placé exactement au-dessus de la tête de l'orateur, sa soute ventrale s'ouvrit, libérant une gerbe multicolore. Le célèbre écrivain fut pris d'une violente quinte de toux puis il se mit à rire de façon délirante en gesticulant sur la table de façon grotesque. Ses amis masqués cherchèrent à le faire descendre de l'estrade improvisée mais il les repoussait en balançant à la volée des coups de pied dans toutes les directions.

Le ventre de l'hélicoptère d'intervention s'ouvrit de nouveau plusieurs fois, arrosant au hasard. Aussitôt les personnes touchées par les gaz se mettaient à rire follement comme pour singer le délire de l'orateur. Les manifestants épargnés se mirent à scander avec la hargne du désespoir :

« nous voulons respirer sans masque »

« l'oxygène est à nous ».

Les gros hélicoptères stationnés aux deux extrémités de la place décollèrent presque simultanément aussitôt remplacés par des nouveaux qui se posèrent au même endroit. Derrière les hublots grillagés des hélicars qui s'envolaient on pouvait apercevoir les têtes agglutinées des prisonniers qui scrutaient la petite foule. Dédaignant les victimes des gaz hilarants, les miliciens faisaient maintenant des incursions dans la masse des rescapés. Ils entouraient une dizaine de manifestants, les touchaient de leur tige pour déclencher une légère crise d'épilepsie puis ils les faisaient monter dans les hélicars vides.

« Pour une déclaration nouvelle des droits de l'homme et de la libre respiration »

Le grondement de ces voix réunies était déjà moins puissant mais plus précipité. Tout le monde sentait que la débâcle n'allait pas tarder. Les projecteurs de la milice envoyaient maintenant de larges traînées de lumière crue sur la place. Les rayons lumineux fouaillaient les têtes avec une obstination vicieuse. La compression humaine s'accentua, des femmes criaient mais leur équilibre instable était aussitôt rectifié par des bras masculins. Un tourbillon centrifuge envoya soudain une grande fille blonde flotter dans la foule comme un bouchon sur la mer puis disparaître. Un sentiment d'angoisse, encore accru par la tombée de la nuit, sensibilisa le creux de l'estomac de Jeff. Comprimée à l'extrême, la foule oscillait avec la lenteur molle d'un plasma gigantesque. Avec leur saloperie électrifiante, les brutes casquées taillaient à même la pâte compacte de cette foule, isolant chaque tranche qui se trouvait aussitôt conduite vers les hélicars. Une escouade de miliciens venait de piéger des manifestants à côté de lui et Jeff esquiva l'encerclement de justesse.

« A bas les robots ! » gueula-t-il la bouche frémissante de colère, puis il reflua en direction de la rue vieille dont le tapis glissant n'avait pas été stoppé. Dans son affolement, il prit le tapis qu'il avait emprunté pour venir et dut courir littéralement pour faire du surplace. Comme les hommes de l'hélicar se précipitaient à sa poursuite il se jeta sur la voie routière. Avec d'autres fuyards, ils zigzaguèrent entre les voitures. Les conducteurs bloqués les regardaient avec des yeux ronds. Dans l'une de celles qui venaient de faire demi-tour pour éviter la place des Arts, un homme d'une cinquantaine d'années, athlétique et légèrement bedonnant le regardait avec sympathie. Jeff n'avait pas le choix : sans hésiter il sauta dans la voiture qui démarra aussitôt.

— Merci, oh merci !

Andy Dickson tourna la tête vers son passager et lui adressa un long regard désolé.

— Je ne peux pas supporter qu'on chasse les hommes comme des lapins.

Il pencha son large front sur le jeune manifestant.

— Qu'est-ce que vous êtes venu faire dans ce cirque ?
ajouta-t-il avec indulgence.

Jeff souffla encore un peu car il n'avait pas encore récupéré.

— Effectivement quelques centaines de personnes pour une ville comme le grand district parisien, c'est une mascarade.

Sa voix était faible et sans timbre.

— Mais il est parfois vital de crier sa rage, ne serait-ce que pour se prouver que l'on existe !

Il avait conscience d'avoir prononcé des paroles un peu trop mélodramatiques.

— On est trop peu, dit-il avec platitude.

— Le conditionnement social est tel que, plus cela ira, plus la tranche des citoyens conscients se réduira.

En prononçant ces mots, les traits du visage d'Andy Dickson se contractèrent, accusant soudain la cinquantaine bien marquée.

— C'est sans espoir, mon jeune ami... il vaut mieux ruser avec le système, sinon il vous broiera complètement... il n'y a rien d'autre à faire...

Les yeux clairs de Jeff laissèrent filtrer un éclair de défi désespéré.

— Si, partir chez les singes.

II

Dès que Andy eut franchi le seuil du Ministère, il poussa un soupir de soulagement. Dehors, bien qu'il fût réchauffé par les serpentins aériens, l'air circulait librement dans les rues au lieu d'être emprisonné et recraché comme avec ces saloperies de machines à air conditionné.

Andy Dickson retourna la masse épanouie de son corps de quinquagénaire et contempla l'immense bâtisse. Tous les soirs à la même heure, il levait sa tête léonine essayant de repérer l'emplacement de son bureau mais il n'y parvenait jamais. Les alvéoles vitrées se succédaient, désespérément semblables, comme si elles constituaient un pain de cire géant désireux d'atteindre le ciel.

Andy éprouva une vague sensation de nausée. Le sommet de l'immeuble baignait dans la clarté relative d'un soleil mouillé par les vapeurs de la ville. Andy baissa la tête enfin et, réalisant que son léger malaise n'avait pas une cause uniquement psychique, il ajusta son masque à gaz. Sur la voie de secours réservée aux véhicules en panne, il se mit à marcher mais il s'arrêta après avoir parcouru quelques mètres. Qu'allait-on encore dire s'il rentrait chez lui à pied ?

Il revint sur ses pas, descendit l'escalier roulant du parking du Ministère. Il monta dans sa voiture, mit le contact et entreprit de faire chauffer le moteur. Le mécano de service lui dit, mi-figue mi-raisin :

— Pour un modèle aussi vieux, vous en prenez drôlement soin !

Andy retira son masque pour mieux lui répondre. Il essaya de lui expliquer que, puisqu'elle roulait très bien... mais le mécanicien lui représenta qu'ils vivaient en 2012 !

— Les gens qui sont loin d'avoir votre situation, Monsieur Dickson, changent de modèle tous les six mois.

Et comme le regard du mécano se faisait accusateur, agacé, il démarra.

A la sortie du parking, sans hésiter, il emprunta la première auto-rue. Il y avait belle lurette qu'à l'instar de la plupart des conducteurs, il avait cessé de tenter de prendre les rues les moins encombrées. Vers 1990, au début de la construction des premières auto-rues, avec un peu de chance, il était encore possible, en choisissant bien, de rouler à une vitesse normale pour l'ancien temps, dans une ville comme Paris. Bien vite il avait fallu creuser davantage, superposer les voies carrossables les unes sur les autres mais cet effort gigantesque était compensé, au fur et à mesure, par l'accroissement d'une population intégralement motorisée dès l'âge de quatorze ans.

Andy respira de nouveau avec peine. Les souffleries géantes brassaient un air nauséeux et il préféra remettre son masque avant d'avoir trop envie de vomir. D'ailleurs, les occupants des autres voitures qui l'entouraient de toute part étaient tous masqués eux-mêmes.

« Ça pue encore plus que du temps du pétrole » pensa-t-il avec rancœur. Il se souvenait parfaitement de la panique qui s'était emparée de l'Occident ; il avait une vingtaine d'années à l'époque. La société de consommation était sur le point de s'écrouler, la récession se précisait, entraînant un chômage qui allait croissant... Même les technocrates au cœur froid avaient dû admettre qu'il fallait « réviser » les valeurs. On réexamina les possibilités de croissance O. On réenvisagea l'utilisation des technologies douces, l'énergie solaire et marémotrice, les véhicules à propulsion musculaire assistée... Les apprentis-sorciers bourrés de morgue et de suffisance durent, la rage au cœur, cesser de railler les rêveurs, les inadaptés congénitaux, les pauvres d'esprit qui avaient eu le tort d'avoir eu raison trop tôt en s'étant rendus coupables d'obéir au bon sens le plus élémentaire.

Mais les requins frustrés jugèrent la situation intolérable. Ils lancèrent leurs hommes de main aux mâchoires de dogues et au front de pithécanthrope pour saboter l'espérance d'une vie enfin humaine. Parallèlement, ils accélérèrent avec frénésie l'implantation de centrales atomiques nouvelles. Non, le monde pourri du fric et de la pollution galopante ne crèverait pas !

Crevèrent, parmi une foule de gens sans la moindre importance « sociale », un certain nombre de personnalités, à la suite d'accidents très graves survenus dans certaines centrales. A Bugey, l'explosion avait contaminé toute la région du Lyonnais. A Lyon même des charniers avaient dû être creusés à la hâte dès qu'il fut possible de revenir sur les lieux de la catastrophe.

C'est ainsi que l'on en vint à rechercher frénétiquement les substituts à l'énergie atomique. En fait, quel que fût le prix de revient, la technique s'alimenterait à toutes les sources possibles. Les automobiles marchaient surtout au carbuvit ; cette saleté coûtait bien plus cher que l'ancienne essence, avec, comme avantage supplémentaire, le dégagement d'une puanteur effroyable.

Les véhicules, qui s'étaient rétrécis pendant la crise jusqu'à atteindre un volume réellement utilitaire, avaient repris leurs insolentes proportions ; ainsi les complexés de tout poil retrouvaient-ils avec soulagement le sédatif qui leur permettait de compenser leurs innombrables frustrations.

Et c'était reparti comme en 74 !

Le flot des véhicules avançait avec lenteur dans la fumée bleue des émanations pestilentielles. Dickson pensa avec rage qu'en prenant le métro pneumatique, il aurait déjà parcouru la moitié du chemin qui le menait à son domicile, mais il fallait avoir du courage pour prendre le métro. Pour un fonctionnaire d'une certaine importance cela confinait à l'héroïsme ! Non, il valait encore mieux perdre une heure précieuse au milieu de ces pots d'échappement normalisés qui crachaient la mort à petit feu. La paix avant tout !

Dickson laissa errer son regard sur les murs carrelés du boyau souterrain. A l'origine ils étaient blancs comme dans le métro antédiluvien dont une maquette était exposée au musée des techniques du passé. En fait, dans l'auto-rue, les affiches publicitaires avaient pratiquement recouvert tout ce que l'œil d'un conducteur pouvait atteindre. Un arrêt se produisit, fixant l'attention de Dickson sur une affiche géante vantant les charmes de la vraie nature. L'automobiliste était prié de venir goûter l'authentique grand air des montagnes autour d'un lac aux eaux garanties spécialement préservées. Dans un coin de l'affiche il y avait marqué : Aix-les-Bains — Lac du Bourget. Une photo en couleurs montrait une vaste structure oblongue constituée par les montagnes. Les parois rocheuses tombaient à pic, sauf aux deux extrémités du lac où elles semblaient s'ouvrir sous la pesée des innombrables bâtiments luxueux qui tapissaient littéralement le fond du grand cirque. En scrutant mieux les détails de la photo, on pouvait distinguer quelques bateaux évoluant dans le chenal central ménagé entre les hôtels de tourisme montés sur pilotis. D'autres bateaux, plus petits, circulaient aussi dans les espaces qui n'avaient pas encore été mangés par les dancings et autres maisons de plaisir.

Les automobilistes placés dans le champ de vision de l'affiche la regardaient assez longuement puis leur regard qui s'était un peu éveillé pendant cette contemplation reprenait son expression morne en se reportant sur le pare-choc arrière de la voiture précédente. A ce moment, les autos redémarrèrent avec lenteur et la pensée de Andy, sans doute aiguillée malgré elle par l'affiche publicitaire, s'attarda à l'évocation du temps lointain de son enfance. Le petit Andy appuyait joyeusement sur les pédales de sa bicyclette. L'étroit ruban de la route départementale se frayait un passage à travers les prairies et les bois clairsemés. Toutes les petites routes du coin finissaient par aboutir à proximité de la rivière ; au fur et à mesure que l'on approchait, les chemins de terre faisaient leur apparition et, parfois, il s'arrêtait pour cueillir des noisettes qui poussaient à même la bordure du chemin.

Un jour, dans l'un de ces chemins creux, il se trouva nez à nez avec une vache. Les deux êtres se fixèrent réciproquement avec une grande attention puis Andy, rassuré par l'expression du regard de la bête, entreprit de continuer son chemin . Il tenait son vélo à la main et, avec une désinvolture un peu feinte, il remonta en selle ; à ce moment, la vache agita sa queue de façon spasmodique et, se mettant en travers, boucha carrément le chemin. Alors, dominant son effroi causé par les cornes respectables, Andy caressa longuement le flanc de la vache. Elle mugit, déplaça sa masse énorme tandis que les battements de sa queue s'apaisaient graduellement. Ensemble, comme de vieux amis de toujours, ils descendirent jusqu'à la rivière. La vache but longuement au milieu des bouses déposées par ses congénères, puis elle prit le chemin du retour en adressant au gamin un dernier regard maternel.

Dickson freina net. Il avait effleuré le pare-choc de la voiture qui le précédait. Son conducteur lui lança un regard qui paraissait encore plus venimeux d'avoir traversé les hublots de son masque. Le pauvre imbécile, pensa Andy, savait-il seulement ce qu'était une bicyclette ? S'était-il jamais couché dans le vert joyeux d'une prairie ?

Le flot des voitures perdait quelque peu de sa densité. Dickson comprit qu'il ne roulait plus sous les immeubles de la ville mais sous les premiers pavillons de banlieue. Il consulta sa montre spatio-temporelle d'un air résigné. Encore une demi-heure de trajet environ. Au début de sa carrière, il avait fait le sacrifice d'aller habiter à la campagne pour ménager les bronches de sa femme. Mais elle était obligée de venir travailler en ville et l'oxyde de plomb avait quand même eu raison d'elle. De toute façon, au fil des ans, les pavillons avaient avancé avec la détermination d'une armée malveillante. La campagne s'était rétrécie tandis que la durée du trajet s'allongeait inexorablement. Enfin le pavillon avait été englouti par la marée immobilière...

L'urbanisation avait même dépassé sa résidence, allant à la rencontre de la marée de la ville voisine. A l'heure actuelle, les deux blocs avancés se faisaient face, séparés par la frontière symbolique d'une rangée de peupliers. Comme le même processus s'était produit à l'échelle du pays, la population encore saine avait commencé à souffrir d'anémie chronique ; des usines de fabrication d'oxygène avaient dû être construites en toute hâte pour pallier le meurtre de la campagne. Mais les usines d'oxygène devaient procéder à des « lâchers » de plus en plus importants bien que la population respirât de plus en plus mal. De ce fait, le système cardio-vasculaire des individus se trouvait surmené et les nombreuses cliniques spécialisées ne suffisaient plus. Il avait fallu en créer de nouvelles avec l'aide des hommes d'affaires qui récupéraient ainsi, une fois de plus, la même clientèle.

Depuis quelques minutes, la cartouche du masque de Dickson laissait mieux filtrer l'air. Dans le souterrain l'air semblait s'alléger et Andy se mit à scruter moins distraitement les panneaux indicateurs de sortie.

Avant de prendre l'embranchement correspondant à son lotissement, il rejeta son masque sans même être parvenu à l'air libre.

Ouf ! la journée de travail s'achevait vraiment.

III

C'est en s'installant sur les rebords de la fosse d'aisances avec la maladresse pataude des néophytes que Jeff réalisa pleinement qu'il avait franchi le Rubicon. L'odeur puissante et, d'une certaine façon, nouvelle, le conforta dans ce sentiment de l'inéluctable. On était loin de la fadeur écœurante mais aseptisée, presque neutre, de l'excrément civilisé. Non, ça, c'était bien de la vraie merde.

La fuite en chemin de fer avait ressemblé à un départ en vacances de l'ancien temps. Les sous-travailleurs déambulaient dans l'immense hall de la gare de Lyon-conservée, avec des yeux inquiets. Une forte proportion de ces gens parlait mal le français et, d'évidence, ignorait l'usage des déodorants personnalisés et même, comble de honte, des déodorants tout court. En fait, le bétail ayant pratiquement disparu des pays civilisés, les derniers trains remplissaient plutôt le rôle anciennement dévolu aux wagons à bestiaux. Par une sorte de superstition, Jeff avait tenu à quitter son ancienne vie en empruntant ce mode de transport réservé aux parias de la société de consommation. D'ailleurs il avait vendu ses voitures pour régler d'un seul coup les traites qui pouvaient encore lui être présentées. C'était bien comme ça quoique, à sa montée dans le compartiment, les gens aient biglé sur son sac à claies. Ils considéraient avec curiosité ce sac à dos manipulé par des mains trop blanches, ce regard sans doute insuffisamment inexpressif pour percevoir les choses et les êtres de façon conforme. Une vague méfiance s'installa dans le compartiment, qui s'accrut encore lorsque Jeff sortit de son sac un livre relatant les aventures d'un navigateur solitaire du siècle dernier. Un livre ! Même les riches ne lisaient plus depuis longtemps ! Réalisant sa bévue, Jeff le parcourut rapidement d'un air dégoûté puis il le rangea. Il ne se passa rien jusqu'à Lyon où les esclaves descendirent du wagon en caquetant avec la dignité des pauvres.

A Privas, Jeff sortit de la gare en jetant furtivement des coups d'œil dans toutes les directions. En Ardèche les rondes de police se multipliaient et les voyageurs étaient interpellés sous les prétextes les plus divers. Officiellement la liberté était de règle et quiconque se montrait assez débile pour vouloir quitter la société d'abondance était instamment prié de ne pas surseoir à la satisfaction de son désir. En fait, les réserves de « singes » étaient soigneusement isolées par la police qui créait toutes sortes de difficultés aux suspects rôdant dans les zones limitrophes. Au début, le gouvernement avait favorisé les voyages touristiques dans les réserves pour mieux ancrer dans l'esprit des gens un sentiment de facile supériorité. Las ! Un certain nombre de visiteurs, surtout des jeunes insuffisamment conditionnés sans doute, étaient revenus de ces safari-photos un peu trop rêveurs au gré des autorités. Alors on avait installé un véritable « cordon sanitaire » autour des communautés de « sauvages ». Surtout, la conspiration du silence jouait pleinement et les français n'avouaient qu'avec honte ou même feignaient d'ignorer l'existence de ces communautés.

Jeff réussit à gagner Aubenas sans se faire vraiment remarquer. Peu avant d'arriver à Vallon il rencontra un nombre croissant de patrouilles des milices patriotiques. Plusieurs fois il dut décliner son identité et reçut le conseil « amical » de ne pas poursuivre plus loin sa route. A la dernière interpellation le chef d'escouade lui dit :

— Vous pourriez vous retrouver chez eux sans vous en apercevoir ; vous vous rendez compte ?

Dans le village même, flottait une curieuse ambiance de ville frontière. Sur le parvis de la petite église-conservée, inoccupés en apparence, des hommes stationnaient debout ou assis sur les dalles de pierre. Impossible de savoir s'il s'agissait de candidats à l'évasion, de flics banalisés ou de villageois flâneurs.

Jeff but un dernier verre au bar de la place de l'église-conservée. Il observa un moment les consommateurs qui peuplaient la salle demeurée rustique malgré l'inévitable écran panoramique de télévision. La banalité habituelle des conversations le rassura ; il sortit du bar et s'éloigna résolument du centre du village. En rase campagne, il se retourna plusieurs fois ; mais non, il n'était pas suivi. Soulagé, il contempla les petits troncs tordus des lentisques qui parsemaient les champs autour de la route. Une odeur tonique de maquis et de lavande lui était comme la promesse du bonheur. En gonflant sa poitrine puissante, il aspira goulûment les senteurs sauvages. Enfin son corps athlétique allait pouvoir s'épanouir dans un cadre à sa mesure, ses muscles jouer dans un espace fait pour eux. C'était comme s'il se libérait d'un seul coup du béton qui l'avait emprisonné depuis les vingt-cinq ans qu'il moisissait sur terre. Comme un cheval qui frémit de joie il rejeta la tête en arrière. Son visage durement sculpté, avec l'arête vive du nez et le saillant des pommettes, eût donné une impression de grande férocité sans la blancheur laiteuse de la peau parsemée des tâches habituelles aux rouquins. Quand il laissa retomber sa tête dans l'axe de la petite route, son regard avait vu, à une centaine de mètres, le premier panneau. Un rectangle tout noir sur lequel quelques lettres se détachaient. En avançant, un mot apparaissait peu à peu, brutal dans sa simple signification : RESERVE. Malgré lui, Jeff eut un haut-le-cœur. Quelques centaines de mètres plus loin, patrouillant dans les vignes, les forces spéciales d'intervention. Il longea la lisière du champ en direction de l'ouest. Un panneau identique se dressait. En profondeur une autre patrouille armée semblait tenir une causerie à l'ombre d'un ormeau. La situation était claire et cette nouvelle preuve d'hypocrisie de la part des pouvoirs publics conforta Jeff dans sa détermination de passer coûte que coûte. On l'avait déjà repéré, un milicien l'observait à la jumelle et les autres hommes regardaient dans sa direction, prêts, sans doute, à répondre à un ordre d'intervention. Jeff fit semblant de rebrousser chemin puis il prit à travers champs en direction de l'ouest, pour repérer les panneaux indicateurs au passage. En suivant un chemin creux il arriva rapidement à la rivière. Les patrouilles étaient à la fois devant et derrière lui et il ne se trouvait en quelque sorte, ni dans le territoire légal, ni dans la réserve. Jeff consulta son bracelet spatio-temporel ; la nuit ne serait là que dans trois ou quatre heures et il commençait à avoir faim. Rebroussant chemin de nouveau, il revint au village en promeneur qui vient de respirer un bon bol d'air. Il allait prendre son dernier repas de « civilisé ».

Après avoir contourné des hectares de landes odoriférantes, Jeff se retrouva de nouveau au bord de la rivière mais, cette fois, en amont des panneaux. C'était bien la meilleure solution. Il posa son sac de montagne à terre en poussant un soupir de soulagement car le sac était lourd et il avait aligné pas mal de kilomètres. Le chant des grillons s'était tu depuis un bon moment, on n'entendait plus que le murmure âpre du courant freiné par les cailloux. Jeff se recueillit pour la forme mais sa décision était définitivement prise. Il sortit la chambre à air qu'il avait amenée de Paris. Il appliqua la recharge de gaz à la valve et quand le pneu fut gonflé il arrima soigneusement le sac de montagne de sorte qu'il restât toujours fixé au milieu du pneu. Satisfait de son ouvrage il se déshabilla ensuite, ne gardant que son slip, puis il fourra ses affaires dans le sac.

C'était le moment. Sans hésiter, il posa le précieux radeau sur l'eau, mais même si près du rivage la force du courant commençait à l'entraîner et, pour le retenir, Jeff dut se laisser rouler sur les galets gluants. Il soufflait péniblement et comme il avait insuffisamment digéré, de longs rots venaient encore augmenter sa gêne. Il se reprit cependant et réussit à lancer le petit radeau en direction du milieu du courant. Tout de suite il eut du mal à contrôler la forme sphérique qui l'entraînait derrière elle. La vitesse de propulsion était telle maintenant que, l'eût-il voulu, il n'aurait pu regagner la rive sans tomber automatiquement sur les patrouilles. Il continua, se laissant guider par la ligne du plus fort courant dans l'espoir qu'en cas de choc contre un rocher, le radeau serait assez résistant pour protéger son corps. Dans la nuit, la descente était tellement terrifiante que Jeff ne sentait le contact de l'eau glacée que par très brèves intermittences dans les courtes portions de parcours où l'Ardèche retrouvait un débit à peu près régulier. Cela se produisait quand, à la suite d'une série de seuils plus rapides les uns que les autres, la rivière étalait son lit dans une boucle où les eaux bouillonnantes s'apaisaient soudain.

Jeff commença à sentir le froid l'atteindre au plus profond de ses muscles. Remettant son petit radeau en direction du milieu du lit de la rivière fendu par une étrave invisible, il eut la vague conscience de faire deux ou trois virages de slalom. Il ne comprit que lorsque son avant-bras sauva son crâne au dernier moment. Le pneu gonflé et le sac avaient amorti le choc puis le membre replié d'instinct n'avait plus trouvé devant lui que la dureté incroyablement concrète du rocher. Le courant charria Jeff pendant une cinquantaine de mètres. Son bras lui faisait mal mais il parvint à aborder sur une petite plate-forme qui dominait de quelques décimètres le coude que la rivière faisait à cet endroit. Un petit coup de vent balaya son corps trempé. Il frissonna convulsivement et entreprit de se relever. Tout autour de lui on ne distinguait que des rochers dont certains étaient surplombés par un arbuste au feuillage fourni.

Avant d'avoir pu réaliser qu'il partait à la renverse, son coccyx heurta violemment la dalle glissante et il se retrouva dans la rivière. De rage, il nagea vigoureusement malgré la douleur et quand il aborda, il haletait comme un phoque. Le froid bloquait sa cage thoracique, lui donnant une sensation d'angoisse irrépressible ; il se demanda s'il n'allait pas tout simplement crever là comme une bête. Il devait pourtant être parvenu à l'intérieur de la Réserve, mais ces lieux étaient sans doute trop proches de la ligne de démarcation pour être habités. Jeff s'interrogea. Partir à pied en pleine nuit dans ce véritable chaos de rocs et de végétation folle, s'avérait hasardeux ; replonger dans l'eau paraissait au-dessus de ses forces ; dans ce courant il ne pourrait jamais se diriger avec un bras abîmé. Il regretta amèrement de s'être déshabillé pour se mettre à l'eau ; il serait moins transi maintenant et pourrait peut-être continuer sa route jusqu'aux premières habitations.

Un moment, il eut envie d'appeler au secours, mais si les hommes de la milice patriotique venaient le récupérer ?

Le vent agita légèrement le feuillage de l'arbuste derrière son dos et Jeff crut sentir une présence cachée.

— Qui va là ? cria-t-il d'une voix que le froid autant que la peur faisait chevroter.

Alors un homme hirsute écarta l'arbuste d'une main en se penchant sur le côté pour frayer le passage à une face rayonnante de bonté.

— Bienvenue, frère !

IV

Andy Dickson appuya sur le bouton de la porte de son garage. La porte s'ouvrit dans un cliquetis assourdi de mécanisme bien huilé. Lorsqu'il eut rentré l'auto, il pénétra dans le living-room au sol recouvert de haute moquette de fibres synthétiques. Placés en suspension dans la pièce, des mobiles privés de mouvement semblaient figer fâcheusement l'atmosphère. Andy alla de l'un à l'autre, réanimant les feuilles de métal, comme pour mettre en branle une certaine joie.

A ce moment, un coup de sonnette l'obligea à revenir vers la porte. Madame Bricoe, sa voisine la plus proche, se tenait sur le seuil et il ne put éviter de l'inviter à entrer. C'était une femme sans âge, assez laide, au visage épais dans lequel cependant, des yeux très vifs semblaient continuellement vous circonscrire entre des points cardinaux imaginaires. Elle avait l'air embarrassé de quelqu'un qui ne sait comment formuler une requête. Andy la fit asseoir dans un fauteuil relax du living. D'un geste, il l'invita à appuyer sur le sélecteur de boisson. Le verre en main, elle sembla reprendre courage. Son téléviseur était en panne, mais le contrat du service après-vente ne marchait plus pour des appareils vieux de six mois. Bien sûr, elle avait un peu honte, mais elle pensait que Monsieur Dickson ne se moquerait pas d'elle comme l'auraient fait ses autres voisines. Son mari venait de perdre son emploi, tenu dorénavant par un robot. En attendant qu'il puisse entrer dans l'Administration et recouvrer des moyens financiers à la mesure de sa valeur, il avait dû se rendre dans une province éloignée pour trouver un job d'attente. Monsieur Dickson pourrait-il essayer de dépanner l'appareil ou, à défaut, lui fournir quelques pilules onirisantes pour passer la soirée ?

Il n'avait pas de pilules onirisantes mais en fouillant dans les tiroirs de sa pharmacie, il réussit à trouver quelques sédatifs. Elle sembla déçue et remercia d'un air absent. Elle avait les yeux fixés sur la cage de l'escalier. Du plafond pendaient deux câbles flasques comme des chiffes. Andy lui expliqua qu'il hésitait à relancer l'entrepreneur. Evidemment, faire la dépense d'un ascenseur pour éviter un escalier peu abrupt de la hauteur d'un étage, cela eût paru du plus pur grotesque du temps de sa jeunesse... mais avec ce foutu coefficient d'accélération de l'histoire, le « temps » de sa jeunesse s'enfonçait dans un passé de moins en moins crédible.

Le regard de Madame Bricoe marqua un effarement de plus en plus accentué.

— Dieu merci, ces temps barbares sont bien révolus » se hâta-t-il d'ajouter, « mais ces entrepreneurs sont tellement débordés. »

Elle parut peu convaincue mais se garda de faire part de ses réflexions au sujet de la nudité relative de la pièce. Elle avait déjà entendu parler de Dickson et le peu qu'elle voyait confirmait les ragots du voisinage. Ce Dickson n'était pas dans le coup, bien qu'il occupât un poste d'importance dans l'Administration. Elle le considéra avec attention. Un peu vieux, mais l'allure générale encore athlétique rendait bénin le léger embonpoint ; quoiqu'une courbe molle reliât le dessous du menton au larynx, le visage creusé accentuait encore la dureté virile des traits. Seuls les yeux, d'une douceur incompréhensible, donnaient une expression insolite à sa physionomie racée.

Madame Bricoe eut légèrement envie de lui et pensa qu'elle allait lui demander de passer la soirée en sa compagnie ; de toute façon, elle n'avait rien de mieux à faire car on donnait un vieux film stupide à la télé. Pour une raison inexplicable, peut-être à cause de la douceur de ce regard, elle n'osa employer la formule d'usage : « avez-vous le temps de faire l'amour avec moi ? » Cela n'eût sans doute pas convenu pour ce type. D'habitude les hommes qu'elle sollicitait trouvaient toujours le temps. En tout cas, et bien qu'elle eût conscience d'être assez moche, ils lui refusaient rarement l'application de la formule express. Pour stimuler ceux dont le désir était défaillant, elle portait toujours sur elle d'excellents aphrodisiaques à effet rapide. Dans l'ancien temps, paraît-il, on trouvait des hommes incapables de s'adonner à la fornication. Même avec les médecins de l'époque, certains hésitaient à en user, car les aphrodisiaques fatiguaient énormément le cœur et la vie des sujets en était abrégée. Heureusement cet inconvénient n'existait plus depuis que les échanges standard de cœurs en matière plastique et à pompe atomique s'étaient généralisés. Maintenant tout le monde pouvait faire l'amour sans en avoir envie. Quel progrès !

Andy consulta son bracelet spatio-temporel avec un manque de discrétion calculée. Cela ne le réconforta nullement de se voir confirmer qu'il passait sa vie dans un secteur compris entre 42° 21' et 51° 5' de latitude Nord et la lecture de l'heure lui arracha un soupir d'agacement.

Quand Madame Bricoe fut sortie avec ses pilules, il se précipita dans la salle de bains.

Un coup de téléphone d'Héléna lui rappela le rendez-vous du soir. Dans la visionneuse il la voyait s'escrimer dans le micro. Avait-il bien pris son bain aux cinq parfums ? et son régénérateur « soirée heureuse » ?

Au dernier étage de l'un des plus vieux immeubles de Paris, Andy sirotait patiemment son cocktail en attendant Héléna. L'ambiance du bar était curieuse. Cela tenait du salon bourgeois de province de l'ancien temps, agrandi aux dimensions d'une salle publique.

Ce genre d'ameublement fort prisé dans les années 60 était passé de mode depuis belle lurette mais dans quelques vieux immeubles prétentieux, des restaurants et des bars en conservaient le style archaïque. Il était de bon ton de se gausser d'un mobilier aussi peu fonctionnel. Andy se leva pour faire quelques pas sur la terrasse vitrée. De la tour Montparnasse, cette bâtisse de l'ex-avant-garde, vite ridiculisée par l'épreuve du temps, Paris apparaissait assez semblable à ce qu'il était quelques décennies auparavant. Simplement, les immeubles d'habitation avaient été remplacés par les bâtiments administratifs d'une belle hauteur certes, mais ne dépassant pas les cent mètres. Ces immeubles étaient presque aussi larges que hauts car il avait fallu loger une foule de néo-fonctionnaires chassés de leur ancien emploi par l'automation, si bien que, du haut de la tour, Paris présentait l'aspect assez simpliste d'un gigantesque jeu de cubes. L'épidémie de la construction des tours avait vite été enrayée car la densité de la population au mètre carré avait créé des problèmes de circulation insolubles. En outre, quelques incendies catastrophiques avaient vite dégoûté les derniers adeptes de l'habitation en altitude.

Maintenant, ces érections grotesques conservaient un côté « vieux jeu » assez plaisant. Vouée elle-même naguère aux austères bureaux, la tour Montparnasse comportait aussi un certain nombre d'établissements spécialisés dans la fourniture des plaisirs les plus divers. Des antiquaires s'y étaient installés, des artisans de luxe en assez grand nombre.

Comme Andy se demandait pour la nième fois ce qui incitait Héléna à lui donner rendez-vous dans des endroits de ce genre, alors qu'elle disposait dans Paris même d'un des derniers appartements, elle franchit le seuil de la salle. A la façon hautaine des myopes, elle balaya l'espace devant elle puis, apercevant son amant, elle s'avança vers lui un grand sourire aux lèvres.

Andy considéra ce sourire qui retroussait inopportunément des gencives haut perchées, puis son regard descendit avec plaisir le long de ce corps bien fait mais un peu sec. Malheureusement, les effets de cette plastique convenable étaient contrecarrés par ceux d'une pilosité excessive. Andy, toutefois, s'accommodait de cet inconvénient et n'en ressentait nulle frustration. Il se sentait privilégié de disposer d'une vraie femme. La chose était de moins en moins possible car les femmes qui aimaient encore les hommes, se sachant de plus en plus rares, devenaient d'une exigence démoniaque. Jamais peut-être, dans l'histoire de l'humanité, la vieille loi de l'offre et de la demande n'avait reçu application plus exemplaire.

Un quart d'heure plus tard ils en étaient à leur deuxième cocktail et la salle du bar s'était considérablement remplie. Héléna lui parlait de sa journée éreintante au bureau. Le rythme du travail s'était encore accru et il avait fallu faire des heures supplémentaires, mais l'expansion ne laissait pas le choix.

— Bientôt nous aurons doublé les prévisions de la Société, dit-elle avec un sourire extatique. Dans sa joie elle enlaça son amant et l'embrassa avec une fureur juvénile. Quand ils se séparèrent, Andy avait encore dans la bouche, le goût de fleur indéfinissable inoculé par le dentifrice d'Héléna.

Dickson regarda distraitement l'écran lumineux sur lequel passaient les nouvelles et les flashs publicitaires. Dans aucun endroit public on ne pouvait échapper à ce maudit écran. Il était, certes, possible de lui tourner le dos, mais un système de glaces installé partout, réfléchissait immanquablement les annonces. Encore heureux si, dans les endroits de luxe comme celui-ci, une sonorisation excessive était épargnée à la clientèle.

Dickson lut comme malgré lui. L'ouverture d'un nouvel institut de massage érotique était annoncée à la tour Montparnasse. Les prix s'avéraient raisonnables et un forfait familial était même prévu. Il était, toutefois, précisé que, conformément à la législation en vigueur, les mineurs de moins de treize ans, même accompagnés de leurs parents, n'avaient pas accès à l'institut.

Dickson soupira. Plusieurs étages étaient déjà occupés par les organisations de plaisir et bientôt les gens ne viendraient plus dans ces vieilles tours pour se promener parmi les boutiques d'antiquaires ou les galeries d'art. En libérant de façon définitive, l'expression des pulsions sexuelles, la nouvelle société avait condamné l'une des principales motivations de la création artistique. En revanche, le commerce avait bénéficié d'un tel coup de fouet que les rares puritains n'avaient plus aucune chance de se faire désormais entendre. On avait même enregistré des condamnations de protestataires pour atteinte aux légitimes droits du commerce et de l'industrie.

A ce moment, Héléna éclata d'un rire qui sonna un peu faux.

— Si on y allait ? Tous les gens biens y vont, tu sais...

Ça lui faisait drôle à son âge de se sentir fleur bleue. Devant cette fille si jeune, il éprouvait toujours un peu l'impression de recommencer quelque chose de neuf comme au temps où il faisait ses premières armes. Mais de cette époque, Héléna ne pouvait même concevoir la moindre idée. Il réfréna les gestes de tendresse qui l'eussent voué à la moquerie. Il se garda même de faire un reproche. Ces jeunes étaient d'une telle absence de pudeur, non, d'un tel mépris pour ce qui était simple et ne coûtait rien. Ça, on le leur avait bien fourré dans la tête.

Andy se contenta de fixer la jeune fille d'un air désarmé.

— Nous ne sommes plus au temps où l'on se caressait soi-même, dit-elle avec une pointe de condescendance. Il y a du personnel pour cela...

V

Un passage tumultueux obligea son guide à appuyer fortement sur les pagaies. Les rapides se succédaient à l'approche des évasements du lit de la rivière. Comme Jeff Siemens tout à l'heure, le petit canoë fut excrété par un énorme sphincter aux contradictions spasmodiques. Jeff eut l'impression de dévaler sur un toboggan à l'itinéraire capricieux et la chute prit fin dans un bruit de léger glouglou. Dans la pénombre, tout un petit peuple de gibier d'eau se réveilla en sursaut. Mais la rivière déjà reposée s'agita à nouveau. Son cours se rétrécit dangereusement entre deux parois escarpées dont il distinguait la masse sombre et menaçante. De surcroît des blocs de rochers à moitié immergés parsemaient le chenal. Le barbu pencha soudain le haut du buste hors du bateau et, d'un coup, planta la pagaie dans l'eau à la perpendiculaire. Par enchantement, la proue de la canadienne qui allait droit sur un rocher, pivota sur place. L'avant du canoë s'engagea dans le mince détroit et, au moment où la poupe allait se fracasser sur le roc, le barbu poussa latéralement sa pagaie en sens contraire, soustrayant l'arrière de l'embarcation au choc inévitable. Après une série d'évolutions rendues encore plus magiques par l'éclairage laiteux de la lune, ils sortirent enfin du détroit.

Jeff était trop ahuri pour parler. Jamais il n'aurait imaginé qu'un canoë pût être maîtrisé de la sorte, dans des eaux aussi violentes. Il reprit son souffle, ce que n'avait apparemment pas besoin de faire son compagnon. De mystérieuses calanques s'échappaient des oiseaux apeurés. Les lourds battements de leurs ailes claquèrent comme un linge mouillé, battu par le vent.

— Les canards sauvages, annonça Hans en élevant un peu la voix, juste ce qu'il fallait pour être entendu.

— Tu sais encore ce que c'est, au moins ?

— Pour ces cochons d'intégrés sociaux, nous sommes déjà dans un zoo, tu sais.

— Eh bien, c'est un beau zoo, dit Jeff en levant la tête.

Posée comme un couvercle au-dessus des flancs des falaises, la lune, avec sa pâleur de jaune d'œuf synthétique, ne permettait pas toujours au regard de distinguer l'eau et le rocher qui la borde. Jeff frissonna malgré les vêtements chauds dont l'avait pourvu le vieux. Sur son injonction, il but encore un coup de gnole à même la gourde. Bien organisé, leur service de récupération ! Le barbu était tellement dingue de descente de rivière qu'il venait souvent attendre les éventuels fugitifs, même quand ce n'était pas son tour. Il n'y avait pas que cela sans doute. Il ne le disait pas par pudeur, mais à la façon dont il avait regardé Jeff au moment où il gisait à moitié exsangue sur la banquette de granit, le jeune homme comprit tout ce que ce vieux type pouvait recéler d'humanité.

La descente était redevenue vertigineuse et, à plusieurs reprises, de petites chutes provoquèrent l'immersion de la proue assez profondément pour que Jeff en soit éclaboussé malgré le pontage, mais le barbu rétablissait toujours l'équilibre de façon inespérée.

— Heureusement que tu connais le chemin, lui lança Siemens, avec admiration.

— Toujours suivre la veine du plus fort courant, ça se conduit tout seul.

Et comme Jeff riait, pas dupe.

— Tu apprendras toi aussi, et tu verras : c'est autre chose que de faire de l'hélicar ou du deux à l'heure dans vos bagnoles puantes.

Le feuillage entrevu dans la nuit, frémissait au rythme syncopé d'un xylophone en folie, mais déjà les contours opaques des rochers et des arbres émergeaient mieux du magma sombre. On pouvait distinguer des embarcations somnolant le long des grèves à l'instar de crocodiles endormis qui attendent le jour pour s'éveiller. Tout doucement la nuit s'évaporait et Jeff attendait que la lune pâle fît place à la boule rougeoyante qui éveille le jour. A l'approche d'un coude assez ouvert pour former une petite baie, Hans plongea sa pagaie en arrière ; le bateau pivota à la hauteur de la plage et, remontant le courant, s'échoua sagement sur les galets.

Les deux hommes sortirent de l'embarcation et Hans, empoignant la proue des deux mains, tira soigneusement le canot sur les cailloux gras pour le mettre au sec. Par surcroît de précautions, il attacha la cordelette de nylon à un arbuste dont le tronc courtaud s'échappait de la crevasse fendillée d'un rocher relativement plat.

Le barbu lui fit signe de le suivre. Dès que Jeff eut mis le pied sur la pierre gluante, il se retrouva à terre, le coccyx un nouvelle fois éprouvé par le choc.

« Pour les débutants on organise des cours de maintien sur rocher du pays. » Hans l'aida à se relever tout en lui signalant que les zones immergeables s'étendaient beaucoup plus haut qu'il ne pouvait se l'imaginer. En effet, ce n'est qu'à une dizaine de mètres d'altitude par rapport au niveau de l'eau que les premières habitations apparurent, hors de portée des crues fantasques de la rivière.

— En quelques heures, des fois moins, le niveau peut s'élever de plusieurs mètres. Des camarades qui campaient sur les berges ont été emportés dans leur sommeil. On les a retrouvés gonflés de flotte à Pont-Saint-Esprit.

Jeff s'était remis à grelotter malgré ses vêtements secs. Il aperçut une plate-forme granitique, surmontée d'une masse sombre qui devait former grotte ; la plate-forme s'étendait sur une longueur d'une cinquantaine de mètres. Quelques formes accroupies ou à demi étendues à la romaine entouraient un petit feu brûlant à même le sol. A l'approche des deux hommes, quelques formes se levèrent et s'approchèrent du bord de la plate-forme.

— Et un rescapé de plus, un, annonça Hans d'une voix triomphante.

— Hourrah !

Toutes les mains disponibles se tendirent pour hisser Jeff sur le bord du tablier de granit, tandis que Hans faisait le tour par le sentier de chèvre. Ceux qui étaient restés près du feu accoururent à leur tour.

— Il doit avoir faim, dit quelqu'un et comme Jeff acquiesçait, un petit homme replet se précipita à l'intérieur de la grotte. Il en ressortit peu après, tenant à pleines mains un morceau de viande grossièrement découpé qu'il se mit en devoir d'embrocher. Jeff regardait l'homme, fasciné par l'accomplissement de ses gestes qui appartenaient à la mythologie des âges reculés.

— Assieds-toi.

L'invitation le fit s'écrouler au coin du feu et, pour la première fois depuis qu'il s'était mis à l'eau en amont du barrage des miliciens, il ressentit une grande lassitude. Malgré les vêtements que lui avait prêtés Hans, il n'avait pas récupéré sa chaleur interne. Très vite le feu lui envoya des pointes brûlantes qui revigoraient son corps par endroits. Les tremblements convulsifs s'apaisèrent progressivement et une onde de douce tiédeur monta le long de sa colonne vertébrale. Sa nuque se détendit. Il observa avec plus d'attention le petit homme dont l'embonpoint n'entravait en rien la souplesse des mouvements. Le petit homme posa les deux extrémités de sa broche sur les fourches plantées de part et d'autre du foyer et il se mit à la faire tourner tout en lui adressant un sourire complice. Une odeur extraordinairement tonique se dégageait des bûches rougeoyantes tandis que les gouttes de graisse tombaient dessus, dans un bref sifflement de jet de vapeur.

Une fille jeune aux minces jambes moulées dans un jean délavé, sans artifices, ressortit à son tour de la grotte. Elle tenait un grand bol dans ses mains et de ce bol s'échappaient des parfums mêlés d'une fraîcheur inconnue.

— Goûte. Ce sont des fruits sauvages de la vallée. Tu n'en as jamais mangé. Mais nous avons aussi de la salade que nous cultivons, sans toute leur merde chimique. En veux-tu ?

Il la remercia. « Je veux manger de ces fruits » dit Jeff avec une ferveur qui le surprit lui-même. Et il comprit, dès qu'il eut une bouchée de ces baies dans la bouche, qu'il n'avait encore jamais vraiment mangé de fruits à ce jour. La viande lui parut bien dure et il éprouva l'impression désagréable de mastiquer un animal vivant, tant les viandes qu'il consommait dans les grandes occasions étaient écœurantes de mollesse. Il s'extasia quand même et puis il avait faim, faim, faim. Les autres contemplaient Jeff avec des hochements de tête entendus.

— Ces salauds nous ont volé jusqu'au goût de la bouffe.

Un grand escogriffe leva soudain un index prophétique.

— C'est la première fois que tu manges de la viande, mec !

Le petit homme replet qui avait servi de rôtisseur ajouta plus prosaïquement :

— Et celle-là c'est pas de la pourriture de synthèse, c'est de la vraie, qui reconstitue son bonhomme !

Il lui servit du vin rouge très fruité mais à la verdeur effroyablement rêche. Après, du café de céréales grillées, pas plus mauvais mais moins fort que les poudres en vente là-bas... Il se surprit à penser là-bas !.. il pensait déjà « là-bas » quoique « ici » fût un pays encore étranger, étranger comme une gravure ancienne qu'il aurait contemplée in vivo grâce à un phénomène de magie.

Pour lui permettre d'achever la nuit, ils le conduisirent dans un coin de l'énorme grotte meublée de grands sacs bruns de forme oblongue. Quand il s'allongea, la paille se répandit dans le sac, libérant ses odeurs de maquis.

— On met des herbes dedans, ça vaut tous les matelas à conditionnement d'air.

Il s'endormit sans même remarquer que, sous le châle qui recouvrait le corps de la jeune fille, il n'y avait rien.

VI

Andy avait le nez contre cette maudite paroi vitrée, impossible à ouvrir. Il n'avait jamais pu s'habituer à respirer cet air en conserve. En bas, tout en bas, une tache verte et ronde qui était effectivement un arbre lorsqu'on était à côté de lui, mais le terre-plein sur lequel il était planté n'était accessible qu'aux jardiniers si bien que, dans ces conditions, un châtaignier en fer peinturluré eût aussi bien fait l'affaire.

Andy retourna s'asseoir à sa table de travail ; avec la lassitude qui ne le quittait qu'aux approches de l'heure du déjeuner, il tira mollement la poignée du tiroir de son bureau.

Un peu découragé, comme tous les matins lorsqu'il faisait le recensement du travail qui lui restait en stock, il reprit pour la n^{ieme} fois le texte de la circulaire d'application de la charte constitutive du Service des Incitations Economiques. Il la parcourut assez rapidement et la laissa retomber sur son bureau, désespérant d'y trouver l'inspiration. Avec une morne délectation, il pensa qu'au même instant, ses collègues de la sûreté économique devaient faire de même, ainsi que ceux du Ministère du Développement car, finalement, l'Administration n'était qu'un vaste agglomérat de services dont les seuls valables, aux yeux du Pouvoir, étaient ceux qui travaillaient au sens large du mot, aux prestations économiques. Aussi, en définitive, tout l'effort de ces technocrates se bornait-il à répondre à cette interrogation : « comment inciter les français à augmenter sans cesse leur consommation individuelle alors même qu'ils n'ont aucun besoin des produits qu'on leur offre ? »

Andy Dickson sonna sa secrétaire. Pendant qu'il attendait le petit grésillement indiquant que l'interphone était branché, il songea qu'il était un de ceux qui étaient chargés de mettre en œuvre cette politique désastreuse. Il fut délivré de son malaise par la voix chaude et banale de Jennifer. La plus récente liste du service des voies et moyens était-elle disponible ? Puis il se ravisa. Non. Inutile. Merci. Il la connaissait par cœur cette liste. A l'interphone il appela son second. Avec son solide bon sens conformiste, Bronchoni trouvait souvent la solution trop plate pour avoir été envisagée mais, en fin de compte, elle résolvait les problèmes de façon miraculeuse. En l'attendant, l'esprit de Dickson buta une fois de plus contre la quadrature du cercle. Depuis les débuts de la publicité intensive, on avait tout fait pour faire saliver le client. Quand les ultimes ressorts de la vanité eurent été exploités jusqu'à la corde, l'Etat avait dû, directement, prendre les choses en mains. On avait même fait des émissions patriotiques à la Télévision sur le thème :

« *Acheter, c'est travailler pour son pays* »
« *Acheter, c'est tuer le chômage* »
« *Achetez aujourd'hui, soyez riches demain* »
etc...

Maintenant il devenait impossible de gaver l'oie davantage mais la démente productivité se déversait dans l'entonnoir, il fallait que la stupide bête bouffât quand même, sinon... Le sourire amical de Bronchoni, qui venait d'arriver, se rétrécit, faisant saillir les veines temporales, d'autant plus longues qu'elles serpentaient sur un crâne dépourvu de cheveux. Dès qu'il fut mis au courant des soucis de son patron, il manifesta son regret chronique :

— Il faudrait autoriser de nouveau l'emploi des moyens de transports héliportés individuels. Quel marché !

Par politesse, Dickson lui répondit :

— Vous ne voulez pas vous mettre dans la tête que, tous comptes faits, l'usage d'engins héliportés individuels comporte un coefficient multiplicateur d'investissement moindre que celui de l'automobile ! C'est pour cela qu'on emploie toujours ce mode de transport archaïque. C'est pour cela qu'il a fallu réserver l'usage des hélicoptères aux Pouvoirs Publics.

Il reprit, pour liquider définitivement l'argumentation :

— Ce marché-là est déjà saturé, vous le savez bien !

La voix de Dickson était montée d'un ton. Malgré l'amitié qui l'unissait à son second, il regretta de l'avoir appelé. Cette visite l'avait énervé sans profit et il sentit que son subordonné ne lui serait d'aucune utilité aujourd'hui. Sous un prétexte, il l'éloigna et, dès qu'il fut seul, faute de mieux, il sortit le dossier automobile.

Dix secondes plus tard, Bronchoni était de nouveau dans le bureau de son chef de file. Comme s'il avait subodoré que Dickson aurait ressorti le vieux serpent de mer il susurra :

— Vous n'oubliez pas le dernier rapport du haut comité des sages sur la protection des réserves vitales ? Il m'appartient de vous rappeler que le terme limite prévu pour l'épuisement total des ressources est annoncé pour...

— Tabou... sujet tabou, vociféra Andy avec rage. Mais cela ne m'empêchera pas d'en parler au patron.

Andy se replongea dans son dossier. Sa lourde silhouette semblait vouloir écraser les difficultés qu'il recélait. Il les connaissait par cœur. Les constructeurs démodaient les modèles tous les six mois. On ne pouvait tout de même pas envisager l'ouverture d'un salon de l'auto trimestriel. D'ailleurs, dans le domaine des machines-outils, se posait l'éternel problème des amortissements en un temps réduit.

Andy se leva, se mit à arpenter le bureau en fumant sa n^{ieme} cigarette. Une petite phrase lui tournait dans la tête. Il revint à l'interphone et réclama le dernier numéro du « Citoyen éclairé ». Dès qu'il l'eut, il plongea tout de suite sur l'éditorial confié au grand chantre de la consommation. Gratius s'était rendu célèbre, dans les cercles de l'opposition, en écrivant que la différence essentielle entre l'humanité et l'animalité résidait en ce que les animaux s'avéraient incapables d'acheter !

Voilà. La petite phrase était isolée. Il la souligna au crayon rouge. « Il faut que les choses soient acquises, usées ou consumées, remplacées et jetées à un rythme toujours plus grand ». Peu importe qu'un salon de l'auto ne soit que semestriel. Il se mit aussitôt à la rédaction d'une longue note à l'adresse de son Directeur Général.

— Votre projet de note est vraiment une réussite, Dickson.

Andy était assis dans le grand fauteuil à coussins d'air que le Directeur général réservait à ses visiteurs. Assez contracté, Dickson ne parvenait pas à rougir de plaisir, comme eût dû le faire tout subordonné admis à recevoir les félicitations du grand patron. Le sourire qu'Andy esquissa était tellement contraint qu'il perçut presque douloureusement la contraction de ses zigomatiques. Comment expliquer au Directeur général que, dans son esprit, cet affreux gaspillage était un crime contre l'humanité ? Il ne tenait pas à être livré aux équipes de socio-psychologues chargées de remettre en harmonie la personnalité de l'individu avec son contexte social. Ah ! il était loin le temps où le crime de sang constituait l'atteinte la plus grave dans le code juridique d'une nation !

— Je vous remercie, Monsieur le Directeur Général, mais mon étude ne portait que sur le marché automobile.

Le haut fonctionnaire émit un sourire de béate satisfaction.

— Le principe d'usure rapide obligatoire doit s'appliquer à n'importe quel objet consommable. Je veux que vous fassiez établir un recensement statistique exhaustif du coefficient d'usure de tous les produits manufacturés. Mettez là-dessus le personnel qu'il vous faut. Vous me ferez votre rapport de synthèse...

Le Directeur général s'arrêta pour considérer longuement Andy comme pour s'assurer que celui-ci était bien capable de répondre à ses espérances.

— A partir de cela nous obligerons les fabricants à réduire de moitié la longévité de leurs appareils.

Andy tenta d'objecter que cette voie avait été spontanément empruntée par les industriels depuis longtemps...

Le patron balaya l'objection d'un petit geste du dos de la main.

— Au niveau du bricolage, mon ami, au niveau du bricolage, maintenant le processus doit devenir systématique et sa progression uniformément accélérée.

Il laissa retomber sa grosse patte sur le bureau d'un air définitif. Puis il se leva et tendit la main à son collaborateur. Malgré la climatisation, Andy transpirait d'abondance. Ses dernières velléités de faire allusion au rapport du Haut Comité des sages sur l'épuisement des ressources naturelles, avaient disparu comme par enchantement. Il se leva, s'efforçant de dominer la nervosité qui tiraillait les muscles de ses jambes.

— Bien, Monsieur le Directeur Général », et il fourra sa main trempée de sueur dans celle que lui tendait son chef.

VII

Le soleil devait déjà taper dur à l'extérieur mais la fraîcheur relative de la grotte n'en paraissait que plus agréable. En tendant le cou, Jeff apercevait le gris des rochers éclairés par le soleil et, par endroits, des franges de mousse séchée. Une légère buée montait de la rivière. Il n'avait pas le courage de se lever pourtant, en dépit de son odyssée harassante de la veille, il se sentait reposé sans la moindre courbature. Les herbes de son matelas sentaient toujours aussi bon. Sur les autres matelas, il n'y avait plus personne et il en fut soulagé ; il préférait prendre possession de ce nouveau monde au fur et à mesure de la cueillette de ses perceptions. Il voulait surtout confronter en paix, sa représentation de candidat à l'évasion avec la réalité enfin là.

Il se sentait bien, lové au fond de cette grotte comme un foetus qui attendrait une seconde naissance. La forme oblongue de la grotte suggérait la pente douce d'un vagin et il se prit à espérer absurdement, qu'il en serait expulsé sans effort de sa part par un effet de glissement immatériel. Sans qu'il s'en rendît bien compte, il se mit à ramper doucement, comme si son organisme avait répugné à adopter la station verticale.

Sur la plate-forme granitique il n'y avait personne, mais de l'eau chauffait sur le feu et il se fit un café de céréales grillées. Il but le breuvage brûlant avec délice au milieu des oiseaux qui se promenaient en sautillant. En face de lui une véritable tourelle de granit s'élançait vers le ciel tandis qu'à quelques dizaines de mètres plus bas, une merveilleuse rocaille s'étendait horizontalement à ses pieds donnant à la tour l'apparence de la tête d'une chauve-souris déployant la membrane de ses ailes. Jeff ne pensait pas que les gorges fussent si belles et surtout, bien qu'il eût déjà entendu parler « là-bas » des réserves de « singes », il n'arrivait pas à réaliser que des décors aussi somptueux fussent exempts de publicité ou d'autres atteintes de ce genre. Le Mont Blanc lui-même, depuis qu'on lui avait imposé la câblerie sacrilège d'un téléphérique, ne prêtait-il pas ses flancs laiteux aux inscriptions colorées des publicitaires ?

Ivre d'une joie irrépressible, il descendit par la petite échelle de bois qui reliait la plate-forme à la pente rocailleuse qui tombait dans l'Ardèche. Après s'être dépouillé de sa veste molletonnée, il se jeta dans l'eau bruissante, offrant son visage au courant et se frictionnant le corps en poussant des rugissements de bien-être. Bien qu'il n'eût pas de savon, il lui sembla que cette eau bondissante le purifiait jusqu'à la moelle. Un hou hou joyeux lui fit lever la tête ; tout de suite, il reconnut la fille qui, la veille, l'avait accompagné à sa paillasse. Elle prenait aussi son bain en amont, et c'est pour cela sans doute qu'il ne l'avait pas remarquée. Debout dans la rivière, l'eau se brisant à la limite de ses genoux, elle savonnait soigneusement son sexe blond qui semblait perdre sa pilosité dans la mousse blanche du savon. Elle le regardait en souriant et son innocence faisait du bien à voir. Quand Jeff se releva à son tour, il sentit tout le ridicule de sa propre attitude : son caleçon collait impitoyablement, contre la cuisse, le petit membre rétréci par le froid. La piètre sculpture qui en résultait, fit s'esclaffer la fille.

— Retire cette merde, on n'est pas au pôle nord.

Il obéit tout en piquant un fard. Dégrafant le bouton, il voulut passer la jambière trop tôt, s'emmêla le pied et tomba de tout son long sur les cailloux glissants. Elle le rejoignit en marchant, les genoux haut levés, mais elle frappait quand même l'eau de ses coups de pied et c'est auréolée d'une gerbe d'écume qu'elle s'affala sur Jeff. Elle riait toujours, s'amusant du courant qui les roulait dans tous les sens. Enfin, en se laissant glisser, ils s'échouèrent sur une petite grève, à moitié immergés.

La main de Solange prit possession de la fureur joyeuse qui venait de s'allumer sous le ventre du jeune homme. Peut-être à cause du froid, Jeff eut l'impression qu'une telle caresse pourrait durer autant qu'ils le voudraient ; il n'eut même pas conscience d'avoir oublié de prendre une pilule de slow-sex et quand il y pensa soudain, ce fut pour en rire follement. Au diable les pilules, il bandait comme un singe et autant de temps qu'il le voudrait. Bien que ses vingt-cinq ans fussent encore l'âge des impétuosités parfois mal contenues, il se sentait apte à dominer parfaitement toutes ses impulsions ; cette maîtrise soudain découverte, sans adjuvant chimique, il rit en levant insolemment la tête en direction du soleil.

Un écho répercuta son rire, mais les parois de pierre déformèrent étrangement le son de sa voix, paraissant en multiplier les modulations.

En abaissant son regard, il aperçut un couple assis sur un rocher bien rond. Ils riaient aussi et semblaient les encourager de leur bienveillance. Sous le regard étonné de Solange, il se releva maladroitement en proie à une vive irritation.

Une double dose de Vit-sex n'aurait pas suffi à réparer le désastre.

VIII

De retour au bureau, Andy s'affala dans son fauteuil réglable électroniquement. Tandis que l'appuie-tête étirait lentement sa nuque alourdie par la lassitude, il en oubliait presque de surveiller le cadran de réglage. Enfin, terminant sa giration, le fauteuil s'immobilisa dans l'axe de la paroi vitrée. De son étage, à demi allongé comme il l'était à ce moment, Andy trouva que la vue n'était pas trop sinistre. Les buildings paraissaient moins rapprochés quand on considérait leur partie supérieure, et cette impression d'espace relatif était encore accrue par les évolutions des hélicars des pompiers qui se faufilaient entre les immeubles. Ces hélicars patrouillaient en permanence les soutes chargées de neige carbonique concentrée. Ils étaient toujours prêts à intervenir immédiatement dans l'attente des renforts. Ce spectacle ramena l'esprit du haut fonctionnaire au problème technique qu'il devait résoudre. La vie de ces gros hannetons devrait être raccourcie de moitié et ces immeubles que l'on abattait encore neufs, devraient l'être encore plus tôt. Au fond, on pourrait très bien imaginer de détruire les immeubles après quelques mois de location et, par la suite, dans un laps de temps encore plus bref. Amener les locataires à se croire déshonorés de vivre dans un immeuble de plus d'un mois d'âge, pourquoi pas ? A partir du moment où la production n'a plus qu'un rapport extrêmement lointain avec l'utilisation réellement valable de l'acheteur, tout est concevable y compris de se passer un jour de ce stade de l'utilisation éphémère des biens durables. Démolir des immeubles avant qu'ils n'aient eu le temps d'être habités, cela doit être possible logiquement dès que la logique devient folle. Le financement serait assuré par des taxes de rénovation urbaine et malheur aux esprits rétrogrades qui se permettraient de ricaner... Ils seraient vite ridiculisés par la masse des citoyens « à la pointe du progrès ».

« On en viendra là, on en viendra là ». C'était tellement absurde qu'Andy poussa un profond soupir. Si seulement il trouvait un compagnon pour partager son indignation, lui confirmer que le contre-sens quasi-général ne décernait pas pour autant un brevet de raison. Mais les gens devant qui il émettait des réserves sur l'opportunité de telle ou telle mesure, même s'ils n'étaient pas scandalisés par son incivisme, répondaient sur un ton idiot qui le mettait hors de lui :

— Que voulez-vous, on n'arrête pas le progrès !

Pour le moment, il ne s'agissait que de préparer un plan général « d'usure accélérée ». Tout en allumant une cigarette, geste qui traduisait chez lui un grand énervement, il parcourut l'éditorial de Gratius avec une sorte de vélocité comique. « Ah oui » grogna-t-il sur un ton découragé comme pour s'avertir lui-même de la difficulté de la besogne. Moins d'une heure, il restait moins d'une heure pour atteindre la libération quotidienne. Tout au long de la journée, les visites de collègues, les allées et venues d'une nécessité douteuse, lui avaient donné un prétexte facile pour repousser, d'instant en instant, l'étude du dossier confié par le Directeur Général. Au fil des heures, il s'était épuisé à retarder l'échéance et maintenant qu'il devrait être content d'être libéré de l'une de ces interminables journées de travail, le sentiment de son impuissance à amorcer quoi que ce fût le plongeait dans une déréliction profonde. Il eut soudain l'impression que si, avant l'heure de la sortie, il ne pouvait commencer cette étude, jamais il ne la mènerait à bonne fin. Il suçait le petit bâton blanc avec une fureur de bébé goulu, les bouffées de fumée se firent de plus en plus saccadées ; maintenant chaque petit nuage bleuté se désintégrait sur la masse du petit nuage précédent qui n'avait pas eu le temps de se fondre dans l'air faussement aseptisé de la pièce.

L'affolement le gagnait. Il dut se persuader que l'abrègement de la durée des objets était une nécessité vitale pour la société. Il dut se persuader que l'éditorialiste de la « Patrie » était dans le vrai ; il dut se persuader que le Directeur général ne pouvait se tromper dans l'exercice de ses fonctions, mais il n'y arrivait pas ! Et pourtant, bien que ces gens-là eussent tort, comment pourrait-il avoir raison contre eux ? Les citoyens n'éprouveraient que haine et mépris pour un profiteur du système qui combattait la consommation et le bien-être général... Evidemment, le rapport de l'agence mondiale pour la protection des dernières ressources naturelles pourrait être divulgé clandestinement par ses soins, mais qui serait touché en dehors des convaincus d'avance ? Qui croirait que les ressources naturelles ne sont pas inépuisables ? Qui croirait qu'à force de substituer des erzats à d'autres erzats, la planète, au seuil de l'empoisonnement total, allait purement et simplement, dire « Non ! » à ce troupeau de conditionnés ? Et puis cette divulgation précèderait de peu son arrestation et un stage en asile psychiatrique qui pourrait être long, long comme une vie d'homme même abrégée par la catastrophe finale. Non, il ne se sentait pas le courage de crever ainsi lentement derrière les murs de la grande prison blanche, coupé du peu d'humanité authentique qui vagissait encore à l'extérieur, coupé du peu de pensée autonome dont il pouvait encore jouir.

A même le mégot, Andy alluma une nouvelle cigarette ; une migraine enveloppait son front d'un mauvais filet. Il réfléchissait confusément ; dans son crâne aux résonances de chaudron, les pensées s'engluaient les unes dans les autres. Andy éprouvait une sensation pénible d'étouffement. L'air semblait se raréfier comme si l'effort, impuissant et douloureux, devenait tangible, alourdissant l'atmosphère d'une matière poisseuse invisible à l'œil nu. A la limite de l'angoisse, Andy éprouva la sensation d'être encagé dans une journée sans fin...

Dans un violent effort de volonté, il replongea son regard fatigué sur la paperasse.

IX

Debout, le vieil Hans était moins beau. Les jambes trop courtes vulgarisaient quelque peu une silhouette admirable lorsque le torse large sillonné de muscles apparents faisait corps avec le canoë. Mais le centaure aquatique était debout, un paquet de vieilles fringues sous le bras.

— On t'a trouvé ça pour commencer.

Ils allèrent aussi chercher, dans une arrière-salle de la grotte, un matelas d'herbes neuf. Comme Jeff avait l'air un peu emprunté, le vieux lui dit en souriant :

— Tu restes ici tant que tu veux. Tout appartient à tout le monde, mais si tu préfères avoir ta cahute, voilà déjà un beau trousseau !

Ils examinèrent ensemble la carte de la rivière. Elle était tracée à grands traits de fusain ; les espaces libres étaient couverts de dessins d'animaux et de représentations diverses comme sur les cartes que les navigateurs de la marine à voile utilisaient à l'aube des grandes conquêtes. Hans se frappa soudain le front :

— Mais j'y pense, tu n'as même pas de rafiot...

Jeff signala que les eaux étaient basses, il pourrait bien reconnaître les lieux à pied en allant chasser et pêcher. Par une sorte de zèle de néophyte, il voulait contribuer, tout de suite, à l'alimentation du groupe. Il se rappela avoir entrevu un piton rocheux à la base duquel une excavation semblait s'ouvrir. Il fut tenté d'y aller immédiatement. Prenant le matelas et les habits des mains du vieux, il les rangea dans un coin de la grotte commune. A présent l'offre de Hans avait fait du chemin dans sa tête déclenchant le besoin impérieux d'avoir un chez-soi.

Il descendit droit en direction de la rivière, un harpon à la main. Il pourrait toujours s'entraîner à transpercer les poissons. A vrai dire, cela le mettrait moralement dans le coup, d'avoir une arme de chasse à la main. L'image des bas-reliefs égyptiens s'imposa : la barque effilée en forme de conque, la silhouette longue et plate du harponneur le bras tendu et levé au-dessus de la tête dans un geste éminemment esthétique. L'évocation de cette illustration graphique de l'un des aspects d'une civilisation évoluée lui donna un réconfort qui le surprit. Revenant à des considérations plus terre-à-terre, il pensa aussi que le harpon pourrait lui servir en cas de mauvaise rencontre avec quelque vipère car « là-bas » on disait que les animaux dangereux, les microbes pullulaient au pays des sauvages. En partant,

Jeff avait bien emmené des doses de médicaments à forte concentration, mais il n'avait jamais pu récupérer le paquetage flottant qu'il avait perdu en descendant la rivière à la nage. Il s'était retrouvé nu sur la plateforme de granit où Hans l'avait recueillli. Dans le fond, cela valait peut-être mieux et la mésaventure prenait valeur de symbole. A présent qu'il émergeait de sa nudité, il allait se fabriquer une existence nouvelle à partir de RIEN.

Il entreprit de remonter le cours de la rivière, cheminant le long de sentiers naturels aux ornières gluantes comme des pièges végétaux. Débusqués, des oiseaux s'envolaient à son approche puis revenaient avec prudence observer le nouvel arrivant. D'où il était, il voyait nettement les poissons nager par bancs considérables, presque à la surface de l'eau ; il se rappela avoir lu, dans un livre d'explorations relatant la première descente du Nil en kayac, que les dayaks plantaient leur harpon au hasard dans les eaux poissonneuses et qu'ainsi ils obtenaient du grand fleuve largement de quoi se nourrir. Il ricana en pensant qu'il fallait revenir au mode de vie de ces primitifs pour échapper à la fatalité du steak de pétrole ou, les jours de fête, du turbot garanti pur soja déshuilé. Il s'efforça de calculer ce que représentait l'achat d'un steak de qualité supérieure. Au prix auquel on le payait, cela équivalait à environ une demi-heure de travail assommant, sans compter la part d'engueulade qu'il convenait de rapporter à cette demi-heure, la part de colère rentrée en répliques cinglantes impossibles à proférer, en transport dans l'air empuanti de la ville etc... etc... Il pensa aussi à ce que représentait la fabrication d'un steak de pétrole de l'origine à la distribution. Aux spéculations engendrées par la raréfaction de ce liquide depuis longtemps réservé au seul usage alimentaire. Combien de porcs ce steak contribuait-il à engraisser à chaque stade de l'exploitation de la protéine insipide ? Ici, sans subir le racket de personne, quelques coups de harpon dans l'eau claire et le beau poisson gigoterait au bout de la flèche ; le travail fastidieux se transmuterait en jeu et la lugubre fonction de nutrition, en joie simple et naturelle.

Au détour d'une boucle de la rivière, Jeff trouva l'endroit qu'il avait déjà repéré. La pente parsemée d'arbustes s'élevait assez faiblement jusqu'à une falaise dont la base béait. Tout en haut de la falaise, un genre d'énorme stalactite recourbé en forme de gargouille granitique surplombait la vallée. Le cœur battant, il entreprit la courte ascension. Arrivé au bas de la falaise, il constata avec joie que la fissure s'ouvrait sur une grotte de dimensions suffisantes. A son entrée, nulle chauve-souris au visage de vampire ne s'envola d'un claquement d'ailes lourd et sinistre.

Jeff aima immédiatement cet endroit. Aussitôt il se mit à l'œuvre, rassemblant de lourdes pierres pour construire le foyer. Puis il entassa un gros tas de bois de différents calibres et alluma un grand feu afin de chasser le peu d'humidité qui avait échappé aux chaleurs de l'été.

Pendant que le feu brûlait, il reprit le chemin de

la grotte commune pour récupérer son barda. Il demanda un peu de vin à emporter.

A son retour, les bûches à moitié consumées laissaient échapper une grosse fumée blanche qui interdisait la pénétration. Il déposa le matelas, les fringues et le vin à l'extérieur et, empoignant de nouveau son harpon, il descendit à la rivière.

En revenant, une fatigue heureuse tirait les premières rides de son visage encore adolescent. Il déposa les jolis poissons près du vin avec une gravité quasi-rituelle.

Ce soir, il aurait la joie de donner le produit de sa pêche à la communauté, puis il reviendrait dormir seul dans sa grotte.

X

Confortablement assis dans son fauteuil à air porteur, Andy contemplait rêveusement Héléna. Elle était à moitié allongée sur le côté, bien soutenue dans le matelas d'air et cette position mettait en relief le dôme fâcheusement aplati de la hanche. Pour lui faire plaisir, elle avait bien voulu venir chez lui, quoiqu'elle ne comprît point cet attachement désuet à ce qu'il s'obstinait à nommer du terme archaïque de foyer.

— Ce qui m'étonne, dit-elle, comme lassée de cet examen, c'est, qu'avec tes idées vieux jeu, tu n'aies pas chez toi ces horribles fauteuils carcans qu'on trouve encore chez les antiquaires.

— Enfin un compliment, répond-il sardonique. C'est grave !

Elle le regarda sans comprendre et comme pour nourrir son agacement avec des paroles blessantes, elle lui lança :

— Pourquoi me regardes-tu pendant des heures avant ? Prends donc une pilule de sexvit, nous gagnerons du temps.

— Et que feras-tu de ce précieux temps ?

Andy la regardait avec une intensité haineuse. Elle s'agita hors d'elle. Les courbes anguleuses de son corps, convenables à l'état de repos, se disloquaient maintenant, laissant craindre que les os ne crèvent la mince couche de chair.

— Il faut toujours que tu fasses autrement que tout le monde, toi !

Elle avait l'air désemparé par ce type tellement arriéré qu'elle n'osait parler de sa liaison à ses amis, en dépit de sa situation sociale flatteuse. Il était un peu simple mais il parlait bien tout de même ; c'est pour cela, sans doute, qu'on l'avait pris au ministère. Comment l'instruction peut-elle rendre les gens bêtes à ce point ? Elle avait déjà entendu parler de gens instruits, des hommes surtout, qui préféraient lire en cachette de vieux livres presque introuvables, plutôt que de s'installer confortablement devant un téléécran ; d'autres se dérangeaient même, paraît-il, pour se traîner dans des caves mal famées où des « acteurs » déclamaient sur des tréteaux de fortune, des textes complètement ridicules et sans intérêt... Des mots fumeux des temps anciens, tellement vides de sens qu'ils n'étaient même plus dans le dictionnaire de la pensée efficiente. Heureusement que la police économique surveillait ces endroits car ces malades seraient bien capables, autrement, de ne pas acheter leur poste de télévision ou de couper aux séances gratuites organisées par l'Agence Nationale pour une Vie plus éclairée. A sa connaissance, Andy n'allait jamais dans ces espèces de théâtres, sans doute, à cause de sa situation publique, mais elle l'avait déjà surpris plusieurs fois, un vieux livre à la main. Cette vénération avec laquelle il considérait cet objet dépassé, à pouffer de rire ! Bien qu'il ne fût pas très intelligent, il était sûrement capable de suivre les programmes de télévision, alors pourquoi donc se donner la peine de lire, puisque les images multidimensionnelles en couleurs expriment les choses bien plus clairement et vite ? Ce type était vraiment taré ! Elle se demanda, une fois de plus, la raison pour laquelle elle continuait à le voir. Sans doute faisait-il très bien l'amour, de façon moins scientifique, mais finalement, plus efficace que les autres. Oui cela était incompréhensible, mais il fallait l'admettre. Après tout, ces arriérés sont peut-être plus doués que les gens civilisés pour ce genre de chose ? C'était bien le seul talent qu'elle lui connût en tout cas. Cette pensée agréable fit tomber soudain son irritation et elle chercha quelque chose d'aimable à lui dire. Mais elle avait rompu le charme et Andy eut la confirmation de ce qu'il ressentait, depuis peu, à son égard : un sentiment plus détaché, une dérive qu'il avait perçue, peut-être par coïncidence, depuis qu'ils avaient fait l'amour dans les maisons de masseuses. Non que ce fût cet usage snob des auxiliaires érotiques qui l'avait éloigné de la jeune femme, mais la prise de conscience progressive de tout ce qui faisait d'elle l'être stéréotypé qu'on avait réussi à créer pour les besoins des lois du marché. Il n'osait plus guère parler spontanément car cela l'exposait aux réponses convenues qui le mettaient en rogne et véhiculer lui-même les lieux communs en usage dans la société ne le reposait guère après ses interminables journées de bureau. Au temps de sa jeunesse, il avait manifesté beaucoup plus de patience avec les autres mais alors les journées de travail avaient une durée relativement tolérable. On pouvait encore, à cette époque, se payer le luxe de perdre un peu de son temps. Maintenant...

Pourtant, dans ce monde sans arbres, sans prés, sans air pur, sans air respirable même par endroits, le corps d'Héléna, pour sophistiqué qu'il fût, était encore un morceau de nature à l'état originel. C'est cela, sans doute, qui préservait de l'artifice intégral : la conscience de son corps et de celui de l'autre.

— Pourquoi pas tout de suite, Andy ? dit-elle, plus énervée par l'attente insolite qu'impatiente d'obtenir l'orgasme qui lui était dû en considération des normes en vigueur. Et elle ajouta sur un ton d'une neutralité froide :

— Puisque nous ne disposons d'aucune éro-assistance.

— Tiens, la voilà mon éro-assistance, dit-il avec une vulgarité inhabituelle en lui montrant son sexe d'un geste rageur.

XI

Jeff frissonna. L'herbe de son matelas était légèrement humide et il eut envie de se lever. Maintenant qu'il était tout à fait réveillé, il commençait à ressentir les courbatures. Un mille-pattes vicieux s'acharnait à labourer son corps, le clouant sur la paillasse. D'abord les tendons de l'arrière des genoux puis les reins, le haut des lombes à l'endroit où les côtes s'accrochent à la colonne vertébrale et un peu partout, les bras, les épaules et jusqu'à la nuque. De la carcasse douloureuse, la fatigue semblait s'égoutter dans la paillasse à la façon d'un mauvais liquide canalisé vers une éponge purificatrice. Ah ! qu'il ferait bon laisser couler lentement cette fatigue jusqu'à ce qu'elle ait disparu, abandonnant un corps tout neuf.

Jeff réalisa que l'humidité de sa couche n'était pas des plus favorables à la résorption de ses courbatures et puis, vis-à-vis des autres, il ne voulait pas avoir l'air crevé par une simple journée de terrassement. Ils appelaient cela « aller au blé » ! Le blé, mon œil ! pensa Jeff avec un soupçon de rancune. Aller à la caillasse oui ! Râcler un peu de terre maigre à un endroit pour la déposer sur une surface labourée à peu près plane afin de préparer une terre à blé de fortune, voilà ce qu'il fallait faire dans ce pays pour que cette céréale noble consentît à sortir de terre. Mais le pain qu'ils mangeaient cette année avait été fait avec les blés dont la germination avait été rendue possible grâce aux semailles effectuées dans des champs conditionnés de la sorte l'année précédente. Lui, Jeff mangeait de ce pain là élaboré pendant qu'il trimait encore au pays des robots. Il n'avait pas le droit de flemmarder. Après avoir échappé aux patrouilles des miliciens, d'autres Jeff se retrouveraient nus et grelottants sur un rocher de la rivière et ils auraient besoin de pain.

Dans un effort héroïque, Jeff roula sur sa paillasse et s'assit à même la terre battue. Après s'être frotté les yeux avec le dos de son index, il s'enveloppa dans une peau de mouton et se leva en poussant le grognement caractéristique du boxeur qui vient d'encaisser un uppercut du gauche au foie. D'un geste brutal du bras, il poussa le panneau de la grotte en lançant un juron de plaisir. Sans chauffer, le soleil était déjà levé sur un ciel dégagé. Cela lui donna le courage de descendre à la rivière pour se laver. Au retour, il étendit sa paillasse sur un rocher plat et se fit un petit café de céréales. Puis il se coupa une large tranche de pain qu'il mangea avec un fromage de chèvre. Le pain était presque noir et grossièrement bluté ; il avait une saveur amère à cause du seigle incorporé dans la farine de blé. On le lui avait tellement dit que le blé ici devait être arraché à la terre, qu'il s'était vite proposé pour participer aux travaux.

Aujourd'hui encore, il fit un effort sur lui-même et, aussitôt son petit déjeuner avalé, il se mit en route en direction de la maison commune.

Sur la plate-forme centrale où fumaient quelques bûches, une activité larvaire créait un semblant d'animation.

— Je suis venu au blé, dit Jeff avec un enthousiasme un peu forcé.

— Voilà un brave ! s'exclama un barbu dont les mains plongeaient sous la tunique d'une fille dont l'intimité, un instant entrevue, s'accordait à la couleur de la paille sur laquelle elle était allongée.

— On devrait faire comme ceux de Pont d'Arc, organiser un roulement pour les boulots chiants.

La fille qui se faisait peloter par l'homme à la barbe fournie, prétendit qu'on n'avait pas émigré à l'intérieur de son propre pays, pour reconstituer des structures oppressives.

— Oui mais ce sont toujours les mêmes qui se farcissent les corvées, dit-il en la pétrissant de plus belle. Et le blé c'est trop dur pour les nanas.

— Tais-toi, mâle chauvin, s'écria-t-elle en repoussant brutalement les mains de l'homme. Fonder des hiérarchies sur la force musculaire c'est vachement réac. La résistance des femelles, t'as jamais comparé avec celle des bonshommes, non ?

Des rires fusèrent de toute part.

— On parle pas de quéquettes, bande de cons. Faire le pain c'est reposant peut-être ? On le fait aussi, nous. Et la moisson, on n'aide pas à la moisson ?

Hans émergea de la grotte, un saucisson à la main, la bouche encore pleine.

— Vous n'allez pas ressusciter les querelles sexistes, non ?

Il finit sa bouchée puis but un coup de rouge à même la vasque.

— C'est pas réac de se les rouler pendant que les petits copains bossent ? Si les gens ne sont pas raisonnables, on ne peut pas se passer de règles, merde ! Y'a rien à faire !

En grognant, quelqu'un se plaignit que l'on croirait, à s'y méprendre, subir un sermon social-démocrate de la première moitié du siècle dernier. L'atmosphère s'alourdissait. Les gens parlaient et mangeaient en même temps ; la discussion s'élargit au sujet de l'obligation d'une discipline appropriée dans la survie des groupes.

— ...surtout s'agissant de ceux qui ne sont pas institutionnalisés, renchérit Hans en recrachotant un bout de saucisson. Le brouhaha s'amplifia d'autant plus que la discussion avait amené du monde.

Un peu à l'écart du foyer central, un couple de septuagénaires copulait tranquillement, allongé sur un rocher à l'inclinaison favorable. Personne ne prêtait attention à leurs ébats, sauf un groupe d'enfants qui assistait à la scène plus par désœuvrement que par curiosité. Une petite fille d'une dizaine d'années remarqua à voix haute que cela durait plus longtemps que lorsque c'était le bouc qui jouait avec les chèvres. Un garçonnet se détourna d'un air blasé.

— Je ne comprends pas que l'on perde son temps à des bêtises pareilles.

Il rejoignit le centre de la plate-forme où une voix lançait, avec une véhémence rare pour une heure aussi matinale :

— Surtout pas de groupe institutionnalisé, frères. Dès qu'une collectivité échappe au contrôle direct de ses membres, l'appareil s'impose. Il vit de sa vie propre, monstrueux dans sa logique de développement. C'est pire qu'un foyer de cellules malignes qui s'installe dans un organisme sain. Le cancer gagne le corps social tout entier, reléguant les derniers tenants de la liberté au rang d'ennemis publics à abattre. Mystifiés, les braves gens à leur tour se muent en flics bénévoles pour le compte des notables...

Un homme grand, dont la barbe grise ajoutait encore à l'émaciation du visage, se leva. On ne l'avait pas encore entendu jusque là, mais le silence se fit instantanément. Bien que peu brillant, il était respecté car il n'avait pas la réputation de parler à la légère. Lui aussi condamnait le fascisme sous toutes ses formes, mais il expliqua que celui qui refusait son aide au groupe s'en excluait de lui-même, en tant qu'individu, il ne pouvait admettre une dépendance parasitaire.

— Puissamment raisonné, reconnut Hans en riant ; aujourd'hui il faut cinq hommes pour aller au blé. Qui accompagne Jeff ?

Ceux qui étaient en train de manger se mirent soudain à mastiquer avec une application digne des fanatiques du Zen macrobiotique, d'autres adoptèrent le regard des êtres qui planent dans un univers suprasensible au sein duquel les contingences matérielles ne méritent même pas l'ombre d'un examen.

Enfin, en comptant Hans qui dirigeait les travaux de Jeff, trois autres gaillards se mirent debout en toisant l'assemblée de façon significative.

Les autres se détendirent soudain discrètement. Sous un faisceau de regards sournois, les volontaires quittèrent la plate-forme et prirent le sentier qui, à mi-pente, longeait la vallée.

Ils cheminaient, l'un derrière l'autre, à la façon d'une patrouille pacifique. Au détour d'un buisson, ils débouchèrent sur le premier champ de blé. Sur un terrain à peu près plat, de courtes tiges encore vertes semblaient avoir du mal à s'élancer vers le soleil du matin. Ils longèrent le champ avec précaution pour ne pas abîmer les précieuses tiges. A cet endroit, le blé « venait » relativement bien. Un peu plus loin, un autre champ avait été aménagé. Jeff remarqua que les tiges étaient beaucoup plus hautes ; la pâleur des grains aplatis tranchait sur la jolie couleur verte des blés.

— Heureusement qu'il y a le seigle, remarqua un colosse dénommé Roland ; parce qu'avec le peu de blé qui pousse sur cette caillasse, on n'aurait pas beaucoup de pain.

Ils poursuivirent leur chemin, salués par les grognements d'un mignon cochon noir couché en travers du sentier. Une petite fille blonde lui soulevait l'oreille et semblait lui confier des secrets très importants.

— Il est heureux, il fait du lard, le salaud, s'il savait ce qui l'attend...

— Il ne le sait pas et il s'en fout. Lui n'a pas besoin de lutter pour retrouver l'innocence. Il est...

— Moi je n'ai jamais eu à lutter contre moi-même, dit Roland. Je suis né ici et je n'ai jamais eu envie d'aller voir de l'autre côté. Dans une société pourrie je l'aurais sans doute été moi-même...

En parlant, il levait les bras ce qui faisait ballotter ses pectoraux grassouillets.

— Un peu simpliste comme raisonnement, tu ne trouves pas ?

Jeff venait de dire cela sans méchanceté. Ce n'était pas un intellectuel, il n'avait guère l'habitude de débattre, mais il n'aimait pas trop ce genre de déclarations à l'emporte-pièce.

— La vérité est toujours simple, ce sont les mass media qui jettent un voile fumeux dans l'esprit des robots pour les persuader qu'il est de leur intérêt de s'en remettre à des experts.

Il n'en revenait pas d'avoir dit cela. Voilà qu'il prenait la détestable habitude de théoriser lui aussi !

— Pour diriger ta vie, l'expert compétent c'est toi, mec. N'oublie pas ça !

Le sentier déboucha dans une espèce de cuvette qui s'étalait en surplomb au-dessus de la rivière. Du côté de la falaise, une bande de terrain bordait la cuvette déjà grossièrement labourée. Les hommes prirent les outils dans la petite cahute dressée là puis ils allèrent au pied de la paroi. Sans un mot, ils commencèrent à attaquer le sol sauvage. Au fur et à mesure qu'ils tailladaient la surface moussue, ils retournaient le magma et, après avoir extrait le peu de terre arable qu'il recélait, l'empilaient soigneusement en petits tas. Comme ses compagnons, Jeff transpirait par tous les pores de sa peau d'autant plus que sa carnation de rouquin l'obligeait à demeurer habillé des pieds à la tête par les pires chaleurs.

— Dire que j'étais dessinateur technique, déclara-t-il mi-figue mi-raisin ; c'était quand même moins dur !

— T'es malade ? Tu sais pour quoi tu travaillais ? Et pour qui ?

D'un revers de manche, Jeff chassa la sueur ruisselant sur son front. Les gouttes qui s'étaient infiltrées dans ses yeux lui faisaient voir le paysage à travers un prisme déformant.

— Je dis ça histoire de rire ; merde, si on ne peut plus parler maintenant !

Lorsqu'il y eut un nombre suffisant de petits tas de terre, ils s'apprêtèrent à aller chercher l'âne. Hans leva la tête pour observer la position du soleil. Il n'était pas encore temps d'aller déjeuner. Hans et Jeff obligèrent la bête à délaisser sa pâture pour endosser les paniers de charge. Au fur et à mesure que l'âne s'arrêtait devant les tas de terre, ils remplissaient les hottes avec de grosses pelles de terrassier, comme dans l'ancien temps.

Quand les hottes étaient pleines, ils allaient les déverser sur le champ déjà labouré.

— Même avec le supplément, la couche de terre arable n'est pas bien épaisse, dit Roland d'un air dégoûté ; surtout sur ces terres granitiques...

— Ça fera quand même un champ nouveau pour les semailles de la prochaine saison. Il faut bien un peu de blé pour que le pain ressemble à du pain.

— Oui, tu as raison, Hans, ça vaut le coup, dit Jeff sans enthousiasme excessif.

Quand il n'y eut plus de petits tas à épandre sur le champ, le soleil était parvenu à son zénith.

— On y va ?

« A l'auberge » on les accueillit joyeusement.

— Un grand bravo pour les travailleurs !

Une onde d'irritation colora le visage de Jeff. Il eut soudain chaud au cuir chevelu et il sentit que sa chevelure de rouquin flamboyait d'un éclat supplémentaire.

— On ne demande pas mieux que de partager les bravos avec les copains, répliqua Hans sur un ton assez sec.

A ce moment une fille plutôt boulotte mais au fin visage préraphaélite, se mit à pincer les cordes d'une cithare indienne. Les accords distillaient leur gravité pathétique ; ceux qui s'activaient auprès des feux suspendirent leurs gestes. Les autres, d'instinct, prirent la position du lotus comme pour mieux recevoir la musique. On se demandait comment la cithare pouvait réussir à traduire ainsi autant de souffrance accumulée ; dans sa caisse de résonance, l'instrument semblait capter toute la douleur du monde. Par la médiation des doigts agiles de la jeune fille, la forêt hurlait à l'approche de la tronçonneuse électrique, la rivière pleurait d'être transformée en égout, le champ de pâquerettes en fondations de buildings concentrationnaires.

Une intense communion fit de cette assemblée chamailleuse une entité quasi-homogène. Jeff perçut le message dans son immédiateté mais, la fatigue aidant, commença à s'assoupir.

Insensiblement autour de lui, les attitudes perdirent de leur hiératisme ; les accords cessèrent de résister victorieusement aux odeurs de rôtisserie ; les yeux commencèrent à lorgner les viandes et les poissons qui grillaient sur les braises...

Pendant les semaines qui suivirent, un certain nombre d'incidents éclatèrent, chacun étant persuadé, à tort ou à raison, d'en faire plus que le voisin. Pourtant, la conquête de ce sol granitique exigeait un effort de tous les hommes valides de la communauté. Ceux qui jouaient le jeu en ne cherchant pas à éviter leur jour de corvée commençaient à lancer des regards de haine sur les resquilleurs, menaçant même parfois de tout laisser tomber. Il était temps que les gros travaux de l'été fussent terminés !

Jeff ne trouvait pas bien pénible d'aller « au blé » une fois tous les deux ou trois jours ; au contraire cela lui servait de culture physique mais il eût aimé pouvoir faire l'application des connaissances techniques acquises « là-bas ».

— Le dernier couillon peut faire ce que je fais, mais ça n'a pas d'importance après tout ! On n'en a rien à foutre de leur hiérarchie ! pensait Jeff de façon assez antithétique. Il se rassérénait en se persuadant que ce sont les veaux qui ont besoin de différenciations sociales pour se sentir exister.

— Celui qui a des pensées d'ordre supérieur en fait profiter la communauté. Entre l'émetteur et les récepteurs, il n'y a pas de rapports de supériorité, mais de complémentarité. C'est pour cela que nous sommes heureux, concluait Hans lorsqu'il était branché sur ce sujet.

— Nous avons dépassé le stade de la compétition et de l'égoïsme et pourtant jamais nos « ego » n'ont été aussi riches.

— C'est vrai, convint Jeff mais il avait du mal à réaliser tout à fait cela. Le soir, aux veillées, surtout quand de la musique était jouée, ils étaient tous miraculeusement soudés, mais ces instants n'étaient-ils pas privilégiés ?

XII

En dépit du fait que la calvitie avait été vaincue de longe date, grâce aux recherches forcenées entreprises par tous les laboratoires capillaires, le crâne de Bronchini était plus lisse que la conscience du citoyen de base. Bronchini était fier des remous de curiosité, voire de réprobation, que son crâne d'œuf suscitait. C'était sa façon à lui de marquer sa personnalité.

Debout dans le bureau, il faisait quelques petits pas pour revenir à son point de départ en sorte qu'énervé, Andy ne put faire autrement que de lui désigner le fauteuil d'un geste du bras dont il s'efforça de modérer la sécheresse.

Andy lutta pour ne pas se remettre à écrire. Il venait à grand'peine de réaliser sa mise en train et, après une heure de vague dégoût il avait réussi à attaquer l'introduction de sa note sur les nouvelles normes de fabrication des objets de consommation. A cette heure matinale, c'était un petit exploit et maintenant Bronchini allait lui faire perdre tout le bénéfice de la mise en train pendant qu'il débiterait ses litanies habituelles.

— Dans le temps la vie était quand même plus dure qu'aujourd'hui, dit-il brusquement sans raison apparente ; quand je pense que nos ancêtres s'extasiaient devant une machine à laver !

Andy se gardait de le contredire, ne serait-ce que pour éviter d'alimenter une querelle aux rebondissements imprévus. Il décida de prendre les devants.

— Vous le voyez, mon vieux, dit-il d'un air navré en montrant le dictaphone et les papiers étalés devant lui ; j'ai un travail fou, je ne sais pas comment m'en sortir, ajouta-t-il se parlant à lui-même.

Bronchini émit une sorte d'éructation étouffée suivie d'une contraction des lèvres desquelles sourdait une amertume indéfinissable. Bronchini était plus ou moins mis sur la touche et quelque peu désorienté par le manque de travail dans lequel le confinait l'administration ; il errait de bureau en bureau pour bavarder, ce qui lui causait des problèmes pour remplir la journée réglementaire de dix heures. Le naturel patient de Andy lui valait souvent plusieurs visites par jour.

— Quand je pense qu'en 1936, en 1936, répéta-t-il avec emphase afin de souligner l'énorme distance de temps, les ouvriers avaient arraché la semaine de quarante heures !

— Alors, selon vous, il était plus dur d'en faire quarante que cinquante ?

Andy commençait à mal contenir son énervement.

— Ah ! c'était plus dur quand même, dit Bronchini d'un air têtu ; il n'y avait pas toutes ces facilités que l'on connaît aujourd'hui.

Andy concéda qu'il était exact que l'on avait bien progressé depuis ce temps-là. On travaillait dix heures de plus par semaine et, comble de raffinement, le travail s'étant encore rationalisé, on travaillait plus vite.

— Mais on consomme de plus en plus, le P.N.B. en témoigne et, avec le travail que l'on fait, on n'a pas le temps de s'ennuyer, dit Bronchini sans rire. Andy perdit soudain tout contrôle. Il fit semblant de se remettre à son travail, préférant paraître grossier qu'hérésiarque. Sombrement il regretta le temps où l'homme de 1936 se libérait de sa corvée avec quarante heures de travail par semaine à un rythme relativement modéré. Il produisait beaucoup moins, pas de masque à air pollué par exemple, mais à cette époque d'arriérés, l'air était encore respirable avec le seul concours de ses narines !

— Quelle erreur ! Vous sacrifiez allègrement les innombrables personnels qui contribuent à la fabrication et à la distribution des masques. Vous voulez faire de ces travailleurs des assistés sociaux ? C'est cela votre progrès ? Il se tourna vers Andy une expression très « mère poule » sur le visage. Vous m'effrayez, mon vieux... des fois je me demande... Vous aurez des ennuis un jour...

Quoique bavard, Bronchini savait tenir sa langue et puis Andy commençait à se foutre un peu de tout.

— Aux premiers âges de l'humanité l'homme vivait de cueillette, de chasse et de pêche...

Bronchini le regardait avec inquiétude, ce pauvre Andy déraillait complètement.

— Une, deux, trois heures par jour, d'une activité d'ailleurs attrayante et cela suffisait à assurer ses besoins.

Bronchini rit de bon cœur.

— Bien sûr, ces gens savaient se distraire par eux-mêmes. Leurs activités ne s'appelaient ni travail, ni loisirs, ils vivaient tout simplement !

— Chasser quand il fait froid dans un air non conditionné, ce n'est pas un travail ?

Andy rétorqua que, même s'il s'agissait d'un « travail », il était bref parce que ces ancêtres n'avaient pas de parasites à engraisser, personne ne prélevait de dîme sur le fruit de leurs captures ; comment se faisait-il qu'avec le niveau technique connu à ce jour, l'homme moderne trimât du matin au soir et cela de plus en plus vite ?

— Pour gagner plus d'argent que jamais auparavant.

— Et pour en dépenser de même ; où est le progrès ? Disons qu'on lui a volé son travail imbécile pour que des technocrates goûtent la jouissance malsaine de faire joujou avec leurs sinistres petites vies de robots !

Une sueur née sur le sommet du crâne commençait à dégouliner le long des parois des tempes et du front de Bronchini. D'un geste de la main il balaya une goutte qui restait en suspension dans la broussaille d'un sourcil.

— Si vous êtes fou, au moins soyez prudent, je vous en supplie.

Andy répondit d'une voix soudain très tendre.

— De toutes ces heures volées, mon ami, que ne pourrions-nous faire ? Nous vautrer dans les mers chaudes, ou glisser sur les neiges douces de nos montagnes, faire l'amour à son heure ou tout simplement, ne rien faire...

— Ne rien faire ! Quand je pense que c'est vous qui êtes chargé de présenter des propositions pour stimuler la consommation ! Mais l'homme moderne ne doit jamais rester sans rien faire, à la rigueur qu'il dorme pour refaire ses forces, mais... — il soliloquait — ...comme ça... éveillé... ne rien faire... c'est un crime contre la société et vous osez ?

Andy se gratta la tête et, usant de ses doigts comme d'une raclette, il parcourut la longueur de son visage des arcades soucillières au menton.

— Je n'essaierai même pas de vous convaincre que mes paroles ont dépassé ma pensée. Hélas, c'est bien ce que je perçois, de la façon la plus évidente...

Un silence tomba entre les deux hommes.

...Comme tout serait simple si j'avais perdu mon sens critique comme les autres... Je serais fier aujourd'hui de contribuer à la dégradation de la vie au lieu que j'en suis désespéré !

Bronchini s'épongea le front. Andy était sûr qu'il s'apprêtait à lui conseiller de prendre des vacances et des pilules euphorisantes pour passer ce mauvais cap.

Il se contenta de dire d'un ton accablé : :

— Ah ! mon vieux, je vous plains ; et il sortit du bureau précautionneusement comme on le fait d'une chambre de malade.

Andy demeura rêveur un moment tandis qu'un hélicoptère passait doucement à hauteur de sa paroi vitrée.

Il allait se remettre à son travail quand le voyant de l'ouverture de porte vira au rouge de nouveau. Résigné il appuya sur le déclencheur.

Bronchini entra et attendit que la porte fût refermée pour proférer d'un ton inquiet :

— Surtout s'il arrivait « quelque chose » n'avouez jamais que vous avez tenu avec moi ce genre de conversation, je ne tiens pas à risquer la lobotomisation, moi !

Andy sursauta malgré lui, regrettant son abandon de tout à l'heure.

— Soyez tranquille, mon vieux, je n'y tiens pas plus que vous.

XIII

Finalement l'été avait passé très vite, comme de grandes vacances un peu trop prolongées. Jeff avait considérablement forci. Là où le musculator électronique n'avait réussi qu'à tendre des fibres atrophiées, l'exercice naturel avait donné à son corps un jeu de muscles, de vrais muscles aptes à l'effort et à la détente. Rien de comparable avec ce que l'on obtient grâce aux mornes séances, allongé sur un divan tandis que les électrodes posées sur les nerfs font se contracter les muscles dans des tressaillements grotesques. Non, rien de comparable, vraiment. La musculature de Jeff lui paraissait tellement supérieure à ce qu'il aurait pu imaginer « avant » qu'il lui semblait parfois qu'il s'était lové à l'intérieur d'une carapace étrangère. A l'abri de cette carapace, il éprouvait un sentiment de sécurité illusoire mais tonique. Il luttait bien contre le sentiment de cette satisfaction de primate mais c'était plus fort que lui. Cela avait compté pour beaucoup dans sa détermination de prendre la fuite. Avoir une vie physique authentique, connaître le plaisir du geste, être fier de son corps. Sans doute, ce souci n'était-il plus très répandu de nos jours et il avait un peu honte de ses aspirations de primitif. Quand il était encore « là-bas », souvent, en cachette, il prenait ses mensurations, se désolant de la minceur du biceps, furieux de la platitude des pectoraux. En sa personne il souffrait de la dégénérescence de l'espèce ; comme tous les obsédés, il privilégiait l'objet de sa psychose pour en faire la cause unique des malheurs de l'humanité. Ainsi il n'était pas loin de penser que la raison du manque de résistance des masses au conformisme intellectuel imposé par le Pouvoir, résidait dans cette faiblesse physique. En fait, depuis qu'il avait rejoint l'Ardèche, ces justifications d'ordre métaphysique s'étaient transmutées, purement et simplement, en vanité puérile. Il fallait qu'il passât de longs moments devant un miroir. Il le posait à la lumière du jour et, après s'être assuré que personne ne pouvait le surprendre, li procédait à de longues séances de contractions musculaires. Après que son corps fut bien échauffé, il pouvait goûter la récompense : en faisant saillir ses muscles au maximum, il prenait des poses plastiques, remerciant la glace de lui renvoyer la chère image.

Pourtant il commençait à sentir que cette joie de jeune animal en bonne forme était un peu courte. Un certain nombre de choses étaient dorénavant perçues de façon de moins en moins satisfaisante. A l'instar de ces photographies jaunies dont le charme désuet ne pallie pas l'éclat défunt de la vie, le plaisir du dépaysement s'était évanoui. De même, la réalisation des tâches bucoliques qu'il avait dignifiées jusqu'à en faire un instrument privilégié d'accès à la voie de « l'accomplissement » lui semblait maintenant empreinte d'un caractère fastidieux, sans cesse accru. Il commençait à éprouver une certaine lassitude ; un petit vide douloureux quelque part du côté du plexus s'installait, lui insufflant insidieusement l'idée qu'il se trouvait mal dans sa peau.

C'est vers cette époque que Jeff ressentit le besoin de tenir un journal. Il lui sembla qu'il remplirait mieux le vide que cette vie à l'instar de « l'autre » commençait à susciter en lui, s'il consignait les réflexions et les sentiments qu'elle lui inspirait. Une nouvelle « ère nouvelle » commença pour lui. Il se procura un calendrier en cachette. Dans le canyon, l'usage d'un calendrier était considéré avec le plus parfait mépris, le temps constituant l'organe de servitude grâce auquel la Société mesurait la production et les efforts de ses esclaves. Foin d'instruments de mesure, la marche du soleil et le ballet lumineux des astres suffisaient à rythmer la vie de la communauté. Mais après le merveilleux étourdissement consécutif à l'immersion dans la vie « sauvage » Jeff n'avait pas manqué de ressentir une gêne indéfinissable. C'est que, à l'encontre de ce que pensaient ou faisaient semblant de penser, ses compagnons en ce qui les concernait, l'écoulement du temps hors de sa mesure affectait la mainmise de Jeff sur son psychisme même. Sans doute n'était-ce que le symptôme avant-coureur d'un ensemble de signes avertissant que le monument se lézardait. En tout cas, c'est bien par là que son malaise naissant se traduisait de façon précise. Il venait d'un monde d'ordre dans lequel le temps étant la mesure de toute chose, devait être compté, étiqueté, rentabilisé au mieux des possibilités de l'individu et de la machinerie sociale. Inconsciemment toutes les pensées de Jeff étaient imprégnées d'une matière qui les gainait d'un filet protecteur. Hors de ce filet, le temps lui coulait entre les doigts comme un sable ironique et malveillant. Ce qu'il faisait perdait toute consistance ; la créativité qu'il avait cru conquérir en menant une vie naturelle, où chaque geste aurait été une expression de son vouloir authentique, s'avérait bien décevante ; les fruits juteux de cette créativité retrouvée par delà les siècles pourrissaient avant que d'avoir été goûtés.

Un soir d'automne qu'il était de garde près de l'endroit où lui-même avait été récupéré par le vieil Hans, il se mit en devoir d'accompagner un fugitif à la maison commune. Se ravisant en cours de route, il l'emmena dans sa grotte personnelle. Sans qu'il osât se l'avouer encore, il était avide d'obtenir des nouvelles de « là-bas ». Sur un ton faussement dégagé, il demanda à son compagnon si les eroscenters étaient toujours aussi dégueulasses ? Le fugitif lui expliqua qu'il fallait avoir une chance inouïe pour lever une fille maintenant. Et puis, dit-il :

— C'est pire qu'avant ton départ. Les branleuses électroniques ont été améliorées mais les érofilms sont encore plus cons.

Jeff, dont la voix tremblotait un peu, demanda si l'on passait toujours « la jeune fille violée par les robots fous du Docteur Berstein ? »

— Je te dis maintenant c'est encore plus moche, répondit l'homme sur un ton dégoûté. Jeff, dont le désir s'était soudain allumé pendant l'évocation de son film pornographique préféré, n'osa insister et passa à un autre sujet. Ils discutèrent une partie de la nuit et le lendemain il écrivit dans son journal : Ce gaillard n'a cessé de se plaindre de sa vie de robot étroitement programmée. J'ai lâchement acquiescé. Pouvais-je lui dire qu'on se lasse vite de pêcher son poisson et de cultiver son carré de légumes en pleine terre selon les méthodes biologiques ? Etre libre de faire toujours la même chose, est-ce vraiment être libre ?

XIV

Le mauvais sort l'avait placé près de Ruspolt, le bras droit du grand patron. Andy était tranquillement assis devant son plateau. Il contemplait d'un air morne ces plats qui s'encastraient très rationnellement dans les vides aménagés à cet effet. La petite assiette de crudités était bien attrayante avec le rouge vif de ses radis, le vert cru de la salade, mais Andy savait que ces beaux légumes poussés sur coton hydrophile alimenté en permanence en engrais liquide, par capillarité, auraient un goût parfaitement réussi d'herbe morte. Il se dépêcha pourtant de les manger car l'entrecôte minérale devenait carrément immangeable dès qu'elle était froide. C'est au moment où il mâchonnait consciencieusement sa platée de foin que Ruspolt avait fait irruption dans la cantine. Andy espéra qu'il repèrerait l'une des filles encore en service dans la maison et qu'il s'assoierait à côté d'elle. Hélas ! Dès qu'il l'aperçut, il se dirigea vers lui. Andy mastiqua son foin avec une mauvaise humeur accrue puis, en se levant pour saluer cet important personnage, il lui demanda, sur un ton qu'il s'efforçait de rendre amène, s'il le prenait pour une jolie fille.

— Ah ! la chasse devient difficile, dans dix ans on ne trouvera plus une fille baisable !

Il soupira car il n'avait jamais pu s'habituer aux masturbatrices électroniques.

— Les concepteurs de stimulations visuelles manquent par trop d'imagination.

Il dit cela sur le ton de nonchalante distinction d'un ancien élève du collège d'Eton.

— Heureusement que la plupart des gens ne sont pas de votre avis, déclara Andy un peu sèchement. Ils convinrent que, malgré le nombre très restreint de femmes encore intéressées par les hommes, elles n'étaient pas plus draguées qu'une quarantaine d'années auparavant. A l'époque, même bisexuelles, les femmes utilisaient peu les accessoires mécaniques d'une confection d'ailleurs grossière. En tout cas, leurs désirs s'assouvissaient sur des êtres vivants. Hélas ! les cerveaux industrieux des marchands avaient conçu des substituts hautement perfectionnés. Non seulement les phallus mécaniques étaient infatigables mais encore des mains et des bouches artificielles accomplissaient un travail scientifiquement programmé d'après les dernières données de la neurologie. Pour celles qui voulaient composer leur programme elles-mêmes, des sélecteurs permettaient d'obtenir une grande variété de combinaisons en rapport avec les zones érogènes préférées de la cliente. Dans ces conditions le phallus authentique devenait un outil dérisoire et les caresses, pourtant subtiles des lesbiennes, des mignardises de gamines. Tout au plus, les hommes pouvaient-ils être tolérés en tant qu'auxiliaires de la machinerie, mais ce dernier stade de leur utilisation serait sans doute rapidement dépassé.

Malgré cette bonne adaptation de la clientèle féminine et masculine aux substituts érotiques, la croissance se ralentissait un peu sur le marché du sexe.

— Vous ne trouvez pas que ces marchands de soupe exagèrent ? demanda Andy. Nous faire ridiculiser par des gadgets érotiques pour femmes et nous condamner à en utiliser pour hommes et cela à seule fin de leur remplir les poches ? Andy tourna vers son supérieur hiérarchique un visage courroucé. Sur le dos de ma quéquette, ils le gagnent, leur sale pognon !

Ruspolt se raidit, stupéfait :

— Marchands de soupe, marchands de soupe, répéta-t-il sur un ton gêné et réprobateur ; nous ne pouvons censurer aussi légèrement la politique des entrepreneurs.

— Enfin, reprit-il après un silence sur le ton de celui qui veut bien oublier d'avoir entendu la formulation d'une bêtise dangereuse ; et cette nouvelle note sur les amortissements accélérés ?

Cette fois, le foin des crudités faillit étouffer Andy.

— Ça avance, ça avance, dit-il lâchement. Une chaleur soudaine sortit de sa peau, mouillant le creux des aisselles et il sentit que son visage s'enflammait. La nuque de Ruspolt s'étira en hauteur ce qui conféra au buste une sorte de recul hautain ; il coula un regard oblique en direction de son subordonné.

— Il va falloir bientôt trouver de nouveaux champs d'application au développement technologique.

— Heureusement qu'il y a la pollution, ricana Andy ; à chaque poison son antidote, ça fait marcher le commerce, comme on disait au temps jadis.

— Mais vous êtes génial sans le savoir, mon vieux... dit Ruspolt avec une pointe d'admiration. Andy, qui venait d'entreprendre machinalement de couper sa platée d'hydrocarbure, s'immobilisa craignant de comprendre ; ...si l'on augmente systématiquement la dose de pollution, les nuisances, que sais-je, tout ce dont se plaignent nos derniers crétins idéalistes qui restent encore en circulation, il faudra donc pour préserver ou recréer l'environnement dont ils parlent tant, augmenter le nombre et la puissance des installations antipollution...

Ruspolt leva les yeux au plafond d'un air inspiré.

— ..tout cela serait, effectivement un vecteur de croissance considérable, indéfinie en quelque sorte.

Andy considérait sombrement son steak pourri. Des techniciens de l'économie avaient bien aperçu depuis longtemps que la pollution engendrait, pour la combattre, la fourniture d'un équipement qui accroissait d'autant les bénéfices des pollueurs mais aucun cerveau n'avait encore envisagé de la développer sciemment dans ce but !

Les deux hommes mangeaient en silence maintenant. Les yeux de Ruspolt brillaient de contentement. Une voie avait été tracée et il travaillait pour le bien commun avec la parfaite candeur d'âme qui fait les monstres heureux.

Andy se demanda si la fin du monde, tant de fois annoncée, n'allait pas survenir pour de bon dans les quelques années à venir. La Société avait accaparé jusqu'à l'air que les individus étaient censés respirer. Cela avait commencé avec les rivages de la mer, l'eau des sources, l'air des villes et bientôt, si la monstrueuse idée dont lui, Andy, venait de fourrer le germe dans le cerveau de ce technocrate dégénéré trouvait une possibilité d'application, le pays entier deviendrait une fourmilière piégée. Le pays ! Encore une survivance de langage parfaitement anachronique en dépit des rivalités de blocs. Comment parler de pays alors que partout la même abondance trompeuse écrasait le monde ? Comment parler de pays alors qu'en charriant les déchets de tous ordres, les grands courants marins et les vents dominants noyaient l'univers entier dans la même fange mortelle ?

Andy salua brièvement Ruspolt d'un sec hochement de tête. En se levant il sentit que ses jambes étaient d'une lourdeur inaccoutumée. Il sortit de la grande salle et, quand il se retrouva dans le couloir menant à son bureau, il éprouva l'impression tenace qu'il se dirigeait vers un mauvais lieu.

De temps en temps, dans le courant de l'après-midi, il se surprit à murmurer :

— Ça ne peut plus durer, ça ne peut plus durer.

XV

Depuis que Jeff avait un calendrier à sa disposition, il se jetait avec une véritable boulimie dans les joies retrouvées de la mesure. Il n'était rien qu'il ne mesurât même avec sa montre qu'il avait réussi à remettre en état de fonctionnement.

A la suite de sa conversation avec Eric, le jeune fugitif récupéré par ses soins, il avait revisionné mentalement l'érofilm « la jeune fille fille violée par les robots du professeur Berstein » ; il en avait conclu que la légère masturbation, seulement manuelle hélas ! à laquelle il se livrait pendant le défilé des images pourtant imparfaites du souvenir, lui procurait un plaisir d'une durée environ cinq fois supérieure à celle qui résultait de ses accouplements simplistes avec les filles de la communauté. Que serait-ce s'il disposait de films et d'une caresseuse électronique ? Il n'osait encore s'avouer que cela serait tout simplement comme « avant », mais il commençait à faire des bilans ; il dut reconnaître que les heures qu'il s'était promis de consacrer à la lecture et à la méditation lui paraissaient de plus en plus pesantes. En fait, il s'ennuyait ferme et l'affectation pseudo-intellectuelle de tous ces gens devenait franchement insupportable. Il en avait assez de ces gratouillis de guitare et des déclamations poétiques à la noix, de ces veillées vachement « planantes » où l'on guettait, en douce, le bon moment pour décrocher. Les télé-spectacles étaient abrutissants mais, au moins, ils avaient le mérite d'exister et surtout, ils ne demandaient aucun effort de participation. Pas besoin d'avoir l'air intéressé si l'on s'emmerdait : on tournait le bouton, un point c'est tout. Avec le nombre de chaînes, il était toujours possible d'être servi dans tous les domaines. La journée de travail était longue, bien sûr, mais on n'avait pas le temps de s'ennuyer finalement. Après tout qu'est-ce qui épongeait mieux le spleen que le travail ? Dans leur sagesse innée, les gens du peuple avaient toujours su cela.

D'humeur songeuse, Jeff se dirigea vers la Case commune. Les chèvres familières vinrent brouter gentiment le bas de son pantalon, tandis qu'il pénétrait sur la plate-forme. Il s'approcha du cercle formé par un groupe au centre duquel Eric parlait d'une voix passionnée. A son approche il se tut et le vieil Hans dit à Jeff :

— Ton « filleul » vient de nous raconter comment il est entré au Groupe de Résistance au Travail. Il va maintenant expliquer ce qui l'a obligé à venir chez nous.

Eric parla de la difficulté de faire comprendre aux gens que la religion du Travail, outre qu'elle procède de la volonté de trouver des producteurs consentants, vise surtout à dérober un temps qui pourrait être autrement utilisé à l'enrichissement intellectuel de l'individu, donc à son émancipation.

— On s'est d'abord trouvé devant un grand problème de déconditionnement chimique, ajouta-t-il après une brève pose.

— Ah oui, l'Anihil.

Eric pencha sa tête blonde en signe d'assentiment.

— Ils en mettent dans tous les réservoirs d'eau qui alimentent le pays. La transmission percutanée est immédiate et comme tout le monde touche l'eau, au moins une fois par jour, nul ne peut échapper au conditionnement.

Quelqu'un déclara :

— Il y a longtemps que j'ai quitté leur monde pourri, ce conditionnement est-il supérieur à celui de l'équaniminal ?

Eric expliqua que l'équaniminal était une vieille drogue dépassée, un tranquillisant aux effets, somme toute, limités et puis son mode d'ingestion buccal permettait à un certain nombre d'individus de n'être pas atteints. Avec le nouveau produit, les gens devenaient en plus, très doux, compréhensifs et perdaient la faculté de percevoir les contradictions les plus apparentes. Ainsi le Ministère des loisirs venait-il de pondre une circulaire sur l'organisation obligatoire des « loisirs libres ». En en commentant les dispositions, les technocrates eux-mêmes n'avaient à aucun moment, perdu une once de leur sérieux.

— Il fallait absolument annuler les effets de la droque, reprit Eric avec force, avant de commencer le simple travail de défrichage. Une tâche immense !

— Comment avez-vous pu isoler l'Anihil ?

— La propagande commerciale elle-même présentait les gens sales comme de vilains cocos mal embouchés et agressifs. Les bio-chimistes du Groupe de Résistance au Travail ont étudié le comportement des gens réputés crasseux. Effectivement, c'est surtout dans cette catégorie spéciale de citoyens que s'était réfugié le sens de la fronde et du non-conformisme. L'un des chimistes eut l'intuition que le rapport entre la crasse et le'sprit de contestation n'était pas fortuit. Les scientifiques purent isoler la saloperie grâce à l'analyse de l'eau. Après une longue mise au point de l'antidote, nous sommes passés à l'action. Grâce aux camarades du service des eaux, les réservoirs ont été répertoriés et des hommes désignés pour déverser le contre-poison dans les réservoirs...

— Et les gens n'ont pas été déconditionnés ?

— ...De toute façon, l'annulation des effets de l'Anihil n'empêche pas le matraquage publicitaire et le conformisme ambiant, de conditionner l'individu. On pouvait, quand même, espérer remonter le courant, grâce à la contre-propagande du G.R.T. Un programme d'émissions pirates télé était en voie d'élaboration, d'autres moyens aussi étaient envisagés comme l'utilisation de télépathes chargés de décontaminer leur milieu proche. Par la suite, les nouveaux éléments acquis aux vues du G.R.T. auraient pu, à leur tour, suivre un entraînement télépathique. De cette façon, la bonne parole eût pu se propager et... qui sait... un jour...

Eric baissa la voix et reprit sur un ton las :

— Tout cela, déjà difficile, supposait de façon impérative, la neutralisation de cette maudite drogue !

Les gens hochèrent la tête d'un air entendu, répétant que c'était toujours la même chose. Eric expliqua alors, que sur tout le territoire, le même jour, des commandos bien entraînés devaient verser l'antidote dans les réservoirs d'eau. L'opération était censée se renouveler systématiquement toutes les vingt-quatre heures. Cela ne paraissait pas présenter de difficultés matérielles considérables, les usines de dessalage étant réduites en nombre. Les hommes des commandos étaient camouflés en agriculteurs bio-marins et leur présence à proximité des réservoirs d'eau adoucie ne devait pas attirer l'attention. Mais au jour J... la police économique était là ! continua-t-il d'une voix lasse. Juste le temps de verser nos fioles dans les bacs. Ça s'est passé de cette façon partout à la fois. Moi j'étais à l'usine de Pouville, près de Dieppe. Mes copains étaient coincés avec moi sur la passerelle menant aux cuves mais, par chance, j'étais en bas de l'échelle. J'ai tout de suite plongé dans la mer, malgré les projecteurs. Avec notre harnachement, combinaison et grosses bottes, les flics ont sans doute pensé que je ne pouvais m'en sortir. J'ai réussi à me débarrasser des bottes et j'ai nagé en apnée pour m'éloigner de l'usine... Quand j'ai émergé, les poumons au bord de l'éclatement, je n'étais plus dans le champ des faisceaux lumineux... Voilà !

Un lourd silence tomba sur l'assistance. Jeff rentra dans sa tanière, un rien songeur. Ce soir-là il écrivit dans son journal : « contre la police économique on ne peut décidément rien faire, mais la meilleure police n'est-elle pas au fond des consciences ? Même sans l'action de l'Anihil, comment prêcher la liberté quand une moelleuse servitude vous donne tout sans effort ?

Pourquoi un Eric se rebelle-t-il finalement ? Et qu'obtiendra-t-il de mieux dans cette vallée de rocaille ? La Résistance au Travail ? Mais lui aussi s'ennuiera vite sans travailler, quoi qu'il en pense maintenant. Ne vit pas sans travail qui veut !

XVI

Andy examina attentivement son visage dans le miroir de la salle de bains. Depuis quelques mois ce visage reflétait ses cinquante ans avec une netteté cruelle. La marque ovale encore fraîche du ruban adhésif du masque à gaz accentuait cet effet en emprisonnant les pauvres traits ravinés. Il y avait peu de temps encore, Andy passait couramment pour avoir dix ans de moins que son âge. Il était de ceux dont on dit que, grâce aux bienfaits du progrès scientifique, ils ne vieillissaient plus ! Hélas ! Depuis qu'il avait commencé à se poser trop de questions, le corps avait paru s'user sous la pression de ses débats intérieurs. A force de se tourmenter, les nerfs s'étaient comme rongés eux-mêmes, la colonne vertébrale s'était courbée vers l'avant, voûtant le dos qui, à son tour, paraissait projeter tout l'être vers la terre qui semblait l'appeler sinistrement. Bref, Andy avait pris un sacré coup de vieux et il sentait que, seule, l'action aurait pu le sauver en lui fournissant au moins, le réconfort lénifiant de la bonne conscience. Il se trouvait dans l'état de ces boxeurs de l'ancien temps avant que le coup de gong ne les libérât de l'angoisse accumulée jusqu'au combat. Lui, il s'était posé et reposé la question : lutter contre un arsenal répressif même sans espoir de vaincre, on pouvait toujours le faire... avant ! C'était l'histoire de toutes les résistances. Heureux combattants du passé qui avaient au moins la possibilité de crever les armes à la main après avoir réglé leur compte à quelques canailles. C'était mieux que rien et il leur était toujours loisible de s'imaginer que la victoire sourirait à leur compagnons ou à leurs enfants ; oui heureux combattants du temps passé...

Andy commença à se déshabiller distraitement puis, soudain, la rage le reprit : comment lutter pour ces salauds d'esclaves heureux ? L'éternelle quadrature du cercle ! On leur avait volé leur jugement, leurs sensations et jusqu'à leur conscience. Tout un système de conditionnement, tout cet ensemble de croyances, d'idées reçues, lancées et véhiculées par les énormes moyens du Pouvoir, cette immense machinerie qui commençait à faire saliver le jeune chiot à l'école des nourrissons et qui ne le lâchait plus jusqu'à la dernière heure ! Cet écran gigantesque qui rendait myopes ceux qui étaient nés avec les meilleurs yeux, s'interposait de façon définitive entre la simple perception de la réalité et leur situation réelle au sein du système.

Andy plongea dans son bain moussant polyvitaminé. Machinalement il mit en route le simulateur de marée. Aussitôt les courants alternés brossèrent son épiderme, détendant ses muscles. L'agitation qui s'était emparée de son esprit s'apaisa quelque peu. Il n'arrivait pas cependant à oublier ces interrogations qui le taraudaient depuis des mois. Il essaya de réfléchir avec calme. Hélas le mur du déconditionnement ne pouvait être abattu par une action quelconque. Il se souvint d'avoir eu sous les yeux la filmocopie d'un rapport secret, concernant les opérations de commandos destinées à déverser les antidotes dans les réservoirs d'eau traités à l'Anihil. C'était bien par ce genre d'opérations qu'il fallait commencer avant même d'obtenir la moindre possibilité de trouver un terrain réceptif ; malheureusement, même dans ce genre d'opérations préliminaires de nature matérielle, l'action était vouée à l'échec ; les militants du groupe « pensée libre » en avaient fait l'amère expérience. La police était trop bien faite. L'Administration infiltrait ses agents partout ; à chaque fois que l'automation faisait un bond en avant, il fallait licencier du personnel et lui donner en même temps des moyens d'achat accrus. Alors de graves commissions décidaient la création d'un nouveau service administratif, en général une branche sophistiquée de la police économique. Récemment Andy avait donné sa bénédiction à l'instauration de la nouvelle brigade des poubelliers. Ces agents devaient recenser le contenu des poubelles de chaque citoyen afin d'en inférer un indice de consommation. Une fiche par habitant était établie, détaillant avec précision la nature et la quantité des déchets évacués. Un building entier avait dû être aménagé pour abriter le personnel statisticien voué au traitement de ces fiches, afin de donner une pâture convenable à l'ordinateur. Ainsi le travail des fonctionnaires réputé inutile depuis toujours devenait-il hautement profitable à la Société en permettant à ces serviteurs de l'Etat d'acheter encore plus ! Lorsque le travail était terminé, si tant est que la chose fût possible, les statistiques étaient refaites en fonction d'autres paramètres. Ainsi l'oisiveté, mère du déconditionnement, ne pouvait polluer la conscience droite des citoyens ! Au fond, tout le monde était satisfait de cette situation, jamais il ne sera possible de miner les fondements d'une Société que ses esclaves soutenaient. Quoi qu'il en fût, tout Etat s'avérait oppressif. Dès qu'une structure échappait au contrôle direct de l'individu, avec ou sans paravent démocratique, avec ou sans représentation garantissant de façon « parfaite » la participation du citoyen, une oppression s'installait. Comme une organisation dotée d'un appareil devait être mise en place dès qu'une collectivité dépassait le seuil d'un certain nombre d'individus, toute collectivité ayant dépassé ce seuil était vouée, en puissance, au fascisme, quelle que fût sa couleur.

Si l'on voulait demeurer libre, on ne pouvait donc accepter de se laisser englober dans des sociétés de cette dimension. De tout façon il n'y avait pas de solution puisque les individus n'imaginaient même pas que l'on pût insérer une société dans un autre moule qu'étatique.

Alors Andy, le haut fonctionnaire, l'agent actif et efficient de cet Ordre qu'il abhorrait, réalisa qu'il se trouvait acculé au fond de l'impasse. Il se rappela le jeune homme qu'il avait recueilli dans sa voiture à l'issue de l'une de ces manifestations dérisoires qui rassemblent quelques poignées de désespérés. A ces conseils de résignation le jeune manifestant avait répondu quelque chose comme : si, il y a une solution, partir chez les singes. Oui, c'est cela, il avait dit : partir chez les singes !

Devenir un singe soi-même pour ne plus être un robot... Arrivé au double de l'âge du jeune révolté, la même évidence s'imposait à lui : une seule solution : la FUITE. Maintenant que cette conclusion s'imposait à lui, Andy se sentit soudain détendu d'une façon incroyable. Le miroir multi-dimensionnel de la salle de bains lui rendit, tous azimuths, son sourire heureux : avant longtemps, lui aussi, il ne serait pas loin de l'une de ces régions sauvages où l'on peut encore vivre en homme.

XVII

La végétation n'avait pas tellement perdu de ses couleurs de l'été ; en hiver, les paysages secs ressemblent à ces femmes sans âge, pas très belles dans leur jeunesse mais qui, en revanche, paraissent peu atteintes par la lente érosion des années. Le long canyon conservait presque toute sa splendeur mais le soleil, plus pâle, lui enlevait le bénéfice du contraste des couleurs, ce qui lui conférait une certaine sévérité. L'air aussi avait comme changé de consistance, le froid vif semblait le doter d'une armature de très fins treillis électrifiés. Jeff avait l'impression de percevoir de subtiles vibrations courant sur ces fils et sur lesquels de mystérieux messages se propageaient à l'intention d'on ne sait qui.

La nuit tombait encore plus vite qu'ailleurs dans le canyon et l'on était déçu, avant son tôt coucher, de voir le soleil encore actif se promener dans l'échancrure des parois tandis que des rayons parvenaient encore à se briser un peu en dessous de leur faîte. Avec l'assombrissement sinistre de la vallée, une chappe de froid s'abattait, gelant les pierres, pénétrant les corps encore chauds de la marche à travers la lande.

Alors l'interminable fin de journée commençait. Jeff resserrait les pans de sa pelisse tout en montant à la maison commune porter les fruits de sa pêche ou de sa chasse. A cette époque, heureusement, les dernières récoltes ayant été rentrées, il suffisait, pour se donner bonne conscience, de ramener quelques poissons, un lapin de garenne ou un oiseau pas trop anémique. Le chasseur qui remenait un plus gros bestiau, un petit sanglier par exemple, était reçu en triomphe. Le soir on faisait la fête en s'empiffrant comme des sauvages affamés et en se saoulant au schnaps. Cette année le « schnaps du canyon » était un peu sucré car les framboises avaient « donné » ; tout dépendait de ce qu'il était possible de récolter ; parfois l'eau-de-vie n'était guère qu'un vulgaire alcool de pomme de terre, rien de bien fameux. Mais Jeff n'avait encore jamais ramené de gros gibier, à l'exception d'une chevrette domestique qu'il avait foudroyée dans un sous-bois épineux. Cet épisode de sa carrière de chasseur avait alimenté les plaisanteries pendant un bon bout de temps si bien que, si son triomphe avait été risible, il n'en avait pas moins fait long feu. Mais cela était sans importance : non, le problème c'était l'ennui. A table il en avait assez d'entendre répéter sur un ton de satisfaction puante : « Ah ce bestiau-là c'est p'têtre pas tendre mais ça vaut bien un steak de pétrole ». Tous les lieux communs sur le retour aux sources et cet attendrissement forcé sur le choix judicieux de leur option naturiste, cela commençait à sentir la sacristie ; il en avait ras-le-bol de la culture biologique !

Après quelques conversations vaseuses auxquelles il s'efforçait de participer par politesse, il regagnait sa grotte avec le plus de discrétion possible. Pour avoir la paix, au début, il avait prétendu se retirer seul pour méditer mais les mystiques de service l'avaient aussitôt entrepris, l'accablant de leur jargon de pacotille, de propos évanescents qui s'achevaient en points de suspension prétentieux. Il avait aussitôt fait machine arrière si bien qu'on le considérait finalement comme un type un peu bizarre.

« Situation pratique — écrivait-il dans son journal — mais qui me condamne plus ou moins à la solitude. Me condamne ! Dire que « là-bas » je la recherchais pour échapper à l'agression des haut-parleurs, de la musique fonctionnelle et des propos stéréotypés des citoyens bien conditionnés ! Cette eau fraîche me lavait délicieusement l'esprit en me donnant, de surcroît, le plaisir coupable de goûter au silence et de me comporter comme le faisaient les intellectuels demeurés lucides. C'était exaltant, comme pour un gosse de jadis, la connaissance d'un coin obscur du grenier familial où il pouvait cacher ses petits secrets merveilleux. Hélas ! Depuis qu'elle est devenue si facilement accessible, la solitude m'apparaît triste et fade ».

Il y avait longtemps déjà que Jeff avait renoncé aux décevantes Bacchanales, tout au plus, copulait-il, de temps en temps, pour ne pas perdre le contact avec la vraie chair mais, au fond, cela ne l'amusait guère. Non, souvent comme ce soir, il s'isolait dans sa tanière, l'entrée bien fermée par l'auvent de bois qu'il rabattait jusqu'au sol. Il se couchait sur son lit de feuilles sèches et entreprenait de palper sa verge pour en éprouver la texture ; puis s'étant retroussé le prépuce avec une lenteur calculée, il lançait son esprit à l'assaut de ses souvenirs d'éro-spectateur. Souvent plusieurs éro-films défilaient dans sa mémoire sans qu'il y prît le moindre plaisir charnel mais cette approche, déjà, n'était pas dénuée de charme. Il combinait alors les séquences et les personnages de films différents jusqu'à ce qu'une image se détachât d'une séquence, déclenchant le processus. Alors il revisionnait le -monstre cinématographique créé, guettant le passage clef...

Au fur et à mesure que l'éro-spectacle reconstitué par la sélection de ses phantasmes, devenait plus adéquat, il accélérait le débit des séquences pour s'attarder, de plus en plus longuement, sur les images-chocs. Jamais il ne se lassait de ces scénarii sans cesse retournés. D'ailleurs il avait tout son temps et n'était limité que par son petit stock de spermatozoïdes qu'il écoulait avec une prudente parcimonie.

Jamais sa solitude n'était mieux employée que durant ses retrouvailles avec les images du passé.

XVIII

Depuis qu'Andy avait définitivement renoncé aux satisfactions dérisoires offertes par la Société de « croissance », une grande paix avait suivi sa décision. Rescapé des sables gluants qui l'avaient emprisonné jusque là, il goûtait une joie qui se répandit dans tout son être à la façon de la douce chaleur du soleil de printemps réchauffant progressivement la terre.

Il commença à réaliser la perspective de son bonheur futur. Désormais, il ne serait plus le prisonnier de ce réseau de servitudes, indolores à force d'être habituelles, mais qui, au fil des ans, avait laissé en lui une empreinte vaguement écœurante. Il n'aurait plus à se réveiller en sursaut le matin au son aigu des notes épileptiques de sa pendule ; il n'aurait plus à perdre ses journées à faire un travail contre-nature. Finie la quête harassante et sournoise des moments de liberté vraie, chichement arrachée à l'esclavage quotidien des activités fastidieuses et au sommeil déjà insuffisant.

Andy se sentait comme une éponge imbibée au maximum de sa capacité d'absorption. Maintenant il s'agissait de tordre l'éponge jusqu'à ce qu'elle devînt parfaitement égouttée.

D'un pas sautillant, Andy se dirigea vers un coin de sa chambre. Il appuya sur un petit bouton, la porte d'un petit coffre coulissa, découvrant une pile de documents. Il prit un passeport, sa carte d'identification de travailleur et sa carte officielle de technocrate supérieur. Il considéra pensivement la tête de l'aigle menaçant qui attestait de son pouvoir à l'égard des autorités administratives et policières. Un peu plus bas, sous les poils qui entouraient les serres, sa signature parachevant le serment d'allégeance à l'Etat de Progrès et de Justice. Cette carte pourrait lui servir si les réserves faisaient l'objet d'une surveillance trop étroite. Il pourrait toujours feindre d'être envoyé en mission d'information si les miliciens l'interceptaient dans les zones frontières.

A ce moment, il repensa avec affection au jeune manifestant qui l'avait précédé, lui le vieux crocodile, dans la voie de la sagesse. Cela serait passionnant de le retrouver ; pourquoi pas l'Ardèche ?

Andy palpa sa carte officielle comme on soupèse un revolver ; en examinant de nouveau le rapace gravé, symbole de sa puissance dans le monde des hommes à la clef-remontoir dans le dos, un doute surgit dans son esprit, menaçant la sérénité toute fraîche. Cela serat-il possible d'extraire de son être tout ce qui avait constitué jusque là autant de raisons de vivre ? Etait-il capable de faire table rase même de ce qu'il haïssait ?

Il en avait tellement vu de ces retraités qui revenaient rôder sur les lieux de leur ancienne servitude, quêtant misérablement auprès des anciens collègues demeurés en fonction, un reflet de la vie d'antan. Et ce confort dont il n'avait que faire à présent qu'il en jouissait, ne lui manquerait-il pas, dès qu'il en serait privé ?

Une série de flashs caractérisant des aspects de sa vie défilèrent sous son front comme le kaléidoscope d'un journal lumineux.

Non, vraiment il était fou ! Compte tenu des conditions concrètes d'utilisation, la bâtisse prétentieuse se trouvait ravalée au rang de simple local à dormir. Qu'est-ce que la possession de l'objet indépendamment de son usage, sinon la marque de la plus vulgaire forme de vanité ? Quant à regretter ces journées de bureau stériles...

Non, vraiment, il était fou ! A quoi lui servait d'avoir un cerveau si c'était pour réagir servilement aux prescriptions tatillonnes de l'Autorité ? Et pouvait-on conférer l'épithète d'humain à l'individu qui se défie de ses propres impulsions par crainte de heurter une orthodoxie élaborée hors de son contrôle ?

Oui, il savait qu'il serait capable de mener à bien ce grand travail de clarification, ce nettoyage drastique du cerveau et de la sensibilité. Une à une, il extirpera les mauvaises herbes de la pensée conditionnée que l'on a fait pousser à l'intérieur de sa tête et dont il a lui-même contribué à activer la croissance chez les autres par son rôle de rouage supérieur au sein du système.

A son âge, après une si longue carrière dans le monde de l'imposture, il était devenu allergique à la confusion imposée du signe et du signifié, de la formulation du concept et de son contenu confisqué.

Certes ! Ce n'est pas un simple décret de sa volonté que l'on décide d'être Autre. On ne subit pas impunément les effets de la prostitution du travail sans qu'il en reste des traces... Dans les pays « modernes » — et ne le sont-ils pas devenus tous ? — les infrastructures idéologiques ont été conçues pour promouvoir l'activité frénétique au rang de plus haute valeur morale et sociale ; c'est tout le contraire qu'il s'agira d'apprendre. Il le sait et, dans un premier temps, la réussite ne suivra pas forcément l'impulsion. Il faudra assimiler la lenteur des gestes, la concentration de l'esprit ; procéder à l'analyse des causes de l'acte et que s'ensuive le refus subséquent de toute activité non fondée sur l'intérêt de l'homme. Il lui faudra apprendre à réfréner cette agitation gratuite qui se nourrit d'elle-même, absurdement...

Cette véritable ascèse qu'il entreprendra sur lui-même ne sera rien d'autre que la reconquête de son Humanité. En partant de l'autre bout de la chaîne, il tendra la main à l'homme de Néanderthal... comme lui, il retrouvera les devoirs simples de la vie dans une communauté rupestre libérée des cloisonnements artificiels : supérieurs-subordonnés, intellectuels-manuels, etc... comme lui, il jouira d'une dimension essentielle ravie aux êtres humains par la société de consommation : le temps.

Andy soupira avec extase. Il vivrait enfin, dans sa plénitude, l'expression passée de mode et jugée archaïque par le dictionnaire de l'Académie : « prendre son temps ». Oui, le temps, enfin, allait lui appartenir : parler aux gens, contempler une fleur, observer la ronde des astres dans le ciel, réfléchir... Prendre son temps pour ajouter une immense qualité à tout...

— Dans les pâturages du temps, je brouterai l'herbe grasse de la connaissance lentement retrouvée... s'écria-t-il avec exaltation. Il perçut aussitôt le ridicule de sa tirade mais il était heureux comme un gosse. Il pourrait enfin se payer le luxe dont jouit l'animal le plus élémentaire : vivre selon son rythme profond.

Tout n'est pas rose dans la vie « sauvage » et il y aura de dures corvées à effectuer mais il sait qu'il les remplira avec un détachement heureux car celui qui a renoncé aux fruits de l'acte, ne peut être affecté par ses conséquences. Il apprendra à se nourrir de la terre et de la rivière, à se laisser brûler par le soleil et rafraîchir par le vent. Avec une humble patience, il s'entraînera, par delà les générations, à renouer avec la nature : il sera la plante, il sera l'animal, il sera la terre parturiente. Peu à peu, il deviendra un composant de l'univers et, lorsqu'il y sera parfaitement fondu, il pourra mourir à sa forme humaine sans angoisse car en réalité, il sera devenu immortel...

XIX

La neige, c'est poétique, ça rendrait belle la plaine la plus revêche, du point de vue du promeneur, en tout cas, de l'esthète, voire du chasseur, mais, dans le canyon il n'y avait plus rien à chasser. Les bêtes s'étaient terrées et celles qui se déplaçaient encore entendaient de loin venir l'ennemi. Tout ce que l'on voyait c'étaient les traces de petites empreintes qui narguaient les membres de la communauté affamés de chair fraîche. Heureusement les légumes et certains fruits avaient été engrangés dans les cavités les plus sèches, mais la neige faisait le siège des grottes habitées par de vagues silhouettes recroquevillées par l'idée du froid. En fait, c'était plutôt de la fumée que l'on souffrait, la plupart des gens ayant dû installer les foyers à l'intérieur des grottes sans aération suffisante. Les toux sèches qui résonnaient d'un bout à l'autre de la vallée ne devaient rien aux bronchites mais il n'empêche, qu'au bout d'un certain temps, cette matière molle et froide dans laquelle il fallait marcher, devenait carrément insupportable.

Aussitôt rentré chez lui, Jeff arracha quelques touffes de foin à la motte grossièrement ficelée qui lui servait aussi de dossier lorsqu'il mangeait. Il étala avec soin cette paille dans le foyer qu'il recouvrît ensuite de brindilles bien sèches. Il alluma alors le feu en se dépêchant de poser de petites bûches qui prirent difficilement. A l'extrêmité de l'une des bûches, la résine bouillonnante colora la rondelle d'une espèce de sauce caramel plutôt répugnante. Jeff enleva alors ses chaussettes avec une lippe de dégoût ; pourtant le froid gelait toute odeur — un sérieux avantage — mais les pieds, à force de mariner dans la laine mouillée avaient pris la consistance blanchâtre d'une vieille couenne de charcuterie. Jeff secoua spasmodiquement ses longues jambes nerveuses au-dessus du foyer.

C'est à ce moment que Doris frappa au panneau. Elle venait de monter la crête qui menait à la grotte et son visage était tout rougi par l'effort dans l'air vif. Jeff eut du mal à cacher le mécontentement qui grandissait en lui. Il lui donna un rapide baiser sur la tempe puis se dirigea, avec humeur, vers un coffret en bois dont il extirpa une bouteille et deux gobelets.

— Du schnaps, ça va ? lui dit-il presque méchamment. Ils burent une gorgée puis, sans transition, il lui annonça qu'il avait envie d'être seul ce soir. Doris, qui faisait parfois l'amour avec lui, se mit à rire, ses petits seins d'adolescente tressautèrent joliment sous la tunique dégrafée.

— On le sait que tu préfères être seul. Non. Luis m'envoie car il a besoin de toi pour tuer la chèvre.

— Personne n'a ramené de gibier aujourd'hui ?

Elle fit non de la tête, ses longs cheveux ondulèrent comme des serpents tristes. Sans viande dans ce froid, il fallait se résigner à attaquer le cheptel.

— On va tuer la plus vieille, elle ne donne plus de lait de toute façon...

Doris baissa les yeux :

— Les enfants vont être bouleversés, c'était une vieille amie pour eux.

Jeff soupira. Il avait horreur de tuer des animaux domestiques. Il se souvint d'avoir vu à la télévision, un film d'ethno-histoire, dans lequel on voyait des primitifs du vingtième siècle, égorger les animaux pour les manger. Le lendemain, les téléspectateurs écœurés avaient écrit en masse à la Direction des programmes pour que des spectacles aussi dégoûtants soient évités à l'heure où les enfants sont rentrés de l'école.

— Vraiment, il ne pourrait pas prendre quelqu'un d'autre ?

Puis après un temps :

— Qu'est-ce qu'ils foutent, les autres ?

Le grand maître des bouddhistes donnait une conférence sur l'approche du Nirvana et comme savait que lui, Jeff, ne s'y intéressait pas, on avait envoyé Doris...

— Des simagrées.. des simagrées... bredouilla-t-il tout en enfilant des chaussettes sèches ; tout ça, du bidon...

La jeune fille remplit un nouveau verre de schnaps. Elle regardait Jeff pensivement.

— Mon pauvre Jeff, des fois j'ai l'impression que tu t'ennuies ferme parmi nous...

— Ça, pour me faire chier, je me fais chier !

Sa voix était rageuse et portait des inflexions méchantes.

— Bon, allons-y !

Il sortit avec la fille, rabattit le panneau en grommelant à voix haute.

— Brrr... qu'est-ce qu'on caille dans ce sale bled !

Les pattes de la pauvre bête avaient été mal attachées ; à chaque fois qu'elle se débattait, son coup de reins la projetait en arrière et son ventre gonflé frappait le sol avec un bruit mat parfaitement écœurant.

Luis demanda à Jeff de la maintenir à terre. Avec répugnance il s'allongea à plat ventre sur la grosse panse tout en tirant de force la tête de la chèvre en arrière. Elle jeta des regards d'incompréhension totale, mais quand elle vit le couteau que Luis tenait au bout de son bras avec une emphase quelque peu caricaturale, une lueur d'affolement insoutenable passa dans son regard. Jeff faillit lâcher prise et il supplia son compagnon d'en finir. Avant le cri de la bête, Jeff sentit l'horreur passer dans son bras lorsque son biceps eût cessé de percevoir la traction désespérée du cou ; à la place, la nuque évidée retombait sur la colonne vertébrale. Jeff retira sa main avec répulsion regardant malgré lui l'horrible entaille. De la jugulaire sectionnée, le sang giclait par saccades comme un sperme inextinguible.

— Il faut la dépecer maintenant, déclara Luis sans émotion apparente.

— Attends au moins qu'elle soit morte, dit Jeff d'une voix révoltée. Une rougeur subite sembla éclairer ses taches de rousseur comme si on avait placé sous sa peau des loupiotes de sapin de Noël.

— Elle est morte, répliqua Luis. Ce sont les nerfs qui se dénouent, calme-toi.

Jeff considéra cette chose immonde agitée de soubresauts malsains. Il regardait son compagnon avec la sévérité d'un accusateur toisant l'auteur de quelque crime révoltant.

Luis nettoya grossièrement son coutelas à même la terre débarrassée de sa neige à cet endroit. En levant les yeux il rencontra le regard de Jeff. Il lui lança avec agacement :

— Je ne suis pas plus sanguinaire que toi, il faut bien qu'on trouve de la viande !

Ils avaient choisi de vivre selon les lois de la nature ; maintenant c'était cela, la nature, cette viande à moitié morte qui tartinait la neige de jaune et de rouge.

Avec un han de bûcheron, ils prirent chacun une paire de pattes. Luis, d'une traction de tout le haut du corps, accrocha les pattes antérieures au clou planté à hauteur d'homme au tronc d'un grand arbre. Il se mit en devoir de détacher complètement la tête du corps puis, quand ce fut fait, il ouvrit la peau, de l'orée du cou à la vessie. Lorsque les viscères se répandirent sur le sol, Jeff eut un haut-le-cœur irrépressible. Luis se tourna vers lui, sa face déjà maculée de sang.

— Je me débrouille seul, va-t-en.

Avec un sentiment inexplicable de honte, Jeff quitta les lieux du carnage. Il ne sentait plus l'air glacé et il ne faisait plus attention à la froide humidité qui fourrait ses chaussures.

De retour dans sa grotte, il but un coup de gnole, mais cela n'arrangea rien.

— Ça ne peut plus durer, ça ne peut plus durer, répéta-t-il à mi-voix.

La nuit commençait à tomber. Dans cette portion de la vallée, les autres étaient à la conférence et Luis se débattait avec le cadavre de la chèvre. L'occasion ne se représenterait peut-être pas avant longtemps. Quitter le canyon en disant au revoir il ne le pouvait pas, il avait trop honte et puis... quelles explications fournir ? Il avait cru que l'autre monde était invivable et c'était bien celui-ci qui lui paraissait tel. A défaut de bien choisir un paradis hypothétique, il s'était trompé d'enfer et de cela il n'était redevable qu'envers lui-même.

Il jeta un dernier coup d'œil sur ce qui avait été sa maison puis, fouillant au fond du coffre où il rangeait son eau-de-vie, il en ressortit un paquet soigneusement ficelé. Il l'ouvrit et le referma aussitôt. Ses papiers d'identité et sa carte de travailleur étaient toujours là. Il les fourra dans la poche intérieure de sa pelisse et sortit de la grotte. Ralentie par le froid, l'Ardèche semblait glisser plus difficilement sur son lit de cailloux. Jeff eut une dernière pensée pour le centaure aquatique qui l'avait recueilli à son arrivée. C'était déjà si loin tout ça ! La lente agonie d'une illusion pouvait inscrire le temps d'une vie en quelques mois, pour Hans même pas le cycle complet des saisons ! Adieu Hans.

Jeff descendit lentement, mais sans se retourner, le sentier qui menait à la rivière.

Arrivé là, comme un voleur qui fuit le lieu de ses méfaits, Jeff remonta la berge de la rivière en direction des lignes de la Milice.

Numéro d'éditeur : 280

I.S.B.N. : 2-7051-0280-9

Dépôt légal 2ème trimestre 1977

Achevé d'imprimer
en juin 1977
sur les presses du Castellum
5, rue Frédéric Paulhan à Nimes.